名校志向塾

日本留学考试(EJU)系列

实战问题集 共10回

数学 Course2 Vol.1

MATHEMATICS COURSE 2

[日] 株式会社名校教育集团 编著

上海交通大学出版社
SHANGHAI JIAO TONG UNIVERSITY PRESS

图书在版编目（CIP）数据

日本留学考试（EJU）系列.实战问题集.数学
Course2.Vol.1/日本株式会社名校教育集团编著.-
上海：上海交通大学出版社，2020
ISBN 978-7-313-22679-2

Ⅰ.①日… Ⅱ.①日… Ⅲ.①日语-高等学校-入学
考试-日本-习题集 ②数学-高等学校-入学考试-日本
-习题集 Ⅳ.①H360.41

中国版本图书馆CIP数据核字(2019)第272275号

日本留学考试（EJU）系列.实战问题集.数学 Course2 Vol.1
RIBEN LIUXUE KAOSHI (EJU) XILIE.
SHIZHAN WENTI JI. SHUXUE Course2 Vol.1

编　　著：日本株式会社名校教育集团
出版发行：上海交通大学出版社
邮政编码：200030
印　　制：苏州市越洋印刷有限公司
开　　本：787mm×1092mm 1/16
字　　数：172千字
版　　次：2020年1月第1版
书　　号：ISBN 978-7-313-22679-2
定　　价：88.00元

地　　址：上海市番禺路951号
电　　话：021-64071208
经　　销：全国新华书店
印　　张：10.75
印　　次：2020年1月第1次印刷

告读者：如发现本书有印装质量问题请与印刷厂质量科联系
联系电话：0512-68180638

監修 | 豊 原 明（東京大学 PhD） 馮 嘉 卿（電気通信大学）
執筆 | 馬 佳 駿（東京大学大学院） 楊 斌（上智大学）
校正 | 程 柯 棟（早稲田大学） 阮 魯 玉（早稲田大学）

はじめに

日本留学試験（EJU）は，外国人留学生が日本の大学に入学するにあたり，日本語および基礎学力の評価を目的に，2002年から実施されている試験です。試験は，6月と11月の年に2回実施されており，日本だけでなく，アジアを中心とした多くの国で受験することが可能です。

日本留学試験の試験科目は，日本語，理科（生物・化学・物理），総合科目と数学の大きく分けて4つあり，理科は生物・化学・物理の3科目から2科目，数学はコース1とコース2どちらか一つのコースを選択します。それぞれの科目の時間配分は日本語が125分，日本語以外の科目は80分です。配点は日本語が450点満点，他の科目については各200点満点です。各科目には専門用語も多数用いられるため，語彙力，また問題によっては読解力も必要です。

名校志向塾では，日本留学試験の傾向，分析などの研究を日々徹底して行っております。本校で作成した実戦問題を授業に取り入れたところ，実際の試験で高得点を獲得した本校の生徒から，授業での実戦問題が非常に役立ったという意見が寄せられてきました。そういった経緯から，一人でも多くの日本留学試験を受験する方の力になりたいと思い，このたび本書の出版に至りました。

本書は，過去の日本留学試験の出題内容に基づいて作成しており，各科目とも，過去に出題された問題に限りなく近い内容となっています。難易度や出題範囲の傾向も的確に把握し，毎年少しずつ変化していく傾向にも対応しております。また，解説においては，問題の要点が明確に記載されているので，自分が不足している知識や間違いやすい分野が把握しやすくなっています。

学習するにあたっては，マークシートの出題形式に慣れるとともに，間違えた問題は繰り返し解きましょう。単に暗記するだけでなく，なぜその答えになるのか，解説を参考に解答の意味まできちんと理解しましょう。

本書に取り組んでいただき，皆さんが本番の試験で高得点を達成して目標の大学に進学する夢が実現できるよう，心から応援しています。

名校志向塾

2019年10月

前　言

“日本留学考试”(Examination for Japanese University Admission for International Students，简称EJU，下称“留考”)是自2002年起实施，对外国留学生的日语及基础学力进行综合测评的日本高校入学考试。该考试在一年内共举行两次(分别为每年的 6 月和11月)。随着全球化的发展，留学生在很多其他亚洲国家也都能参加留考，考场不局限于日本。

留考的科目主要分为日语、理科(生物・化学・物理)、综合科目及数学四大板块。其中，日语是每个专业的必考科目，而其他科目按照文理分科的不同，考生将面临不同的选项：绝大多数文科生需要选择综合科目及数学 1 完成考试，而理科生则需要从生物、化学、物理当中选出两科，并参加数学 2 考试。从时间分配上看，日语考试耗时125分钟，其余科目均为80分钟。从具体分值来说，日语满分为450分，其余科目分别为200分。同时，因每科题面都以日语写成，且均涉及大量的专业术语，如果词汇量不足，或不具备充分的日语阅读能力，将导致很多不必要的失分。

名校志向塾以多年的留学生教育实际经验为基础，集本校所有高分学员对授课内容在留考中所发挥作用的见解，反馈于一身，去伪存真，庖丁解牛，对历年的日本留学考试倾向进行了透彻的分析，并以本书的出版向各位学子郑重承诺，只要你有“名校”，心之所向的名校就会有你。

本书以历年留考真题为基准，准确把握难易度及实际出题范围、倾向，书中题目涵盖了每年真题各种细微的变化，使各科内容与真题情况尽可能接近。此外，在题目解说中，还重点突出了每个问题的要点，让使用者能够最大限度地了解自己现阶段的知识盲区及相关易错点。

为保证每一位考生都能最大化地发挥本书的作用，编者建议使用者配合答题纸进行答题。一方面可以使考生尽快适应考场真实答题的模式，另一方面便于对错题进行重复练习。另外，对于错题，一定要回顾当时做题的心态，弄清自己为什么要这样答题，并彻底理解答案中的解说部分，仅仅靠背诵答案是起不到真正的学习效果的。

值此书出版之际，名校志向塾教研团队的所有成员祝愿每一位考生都能通过自身努力，最终在考场上发挥出最佳水平，斩获理想的分数，各自步入心之所属的高等学府。

名校志向塾

2019年10月

本書について

[本書の特徴]

1. 実際の試験に即した形式

本書に収録されている全10回の実戦問題はこれまでの過去の数学の試験を徹底的に研究し，実際の試験と同じ形式，出題範囲で作成しています。そのため，本書に収録されている問題への対応力を身につけることで，実際の試験でもあわてることなく，しっかりと解答できる力が身につきます。

2. 厳選された出題ポイント

本書の全10回の実戦問題，計100問は過去の数学科目コース1とコース2の試験の傾向を元に，分野ごとの問題数や出題ポイントが設定されています。微分・積分や場合の数・確率といった超頻出ポイントはもちろん，今後数年間で出題が予想される出題範囲に含まれている問題や，近年登場した新しい形式と項目の問題まで，日本留学試験の数学科目の出題形式に合わせた形で収録しています。本書に収録された問題を解くことを通して，良い結果が得られることを願っています。

3. 豊富な振り返りポイント

本書の問題に解答した後は，巻末の解答を活用しましょう。自分が解けなかった問題だけでなく，それを元にさらに知識を深めることができ，幅広い出題ポイントに備えることができます。

关于本书

[本书的特色]

1. 与真实考试全面贴合的实战形式

本书所包含的10套实战习题是在对于留考数学历年真题进行彻底钻研的基础之上编著而成的，与实际考试形式完全一致，出题范围也尽可能地严丝合缝。完成本书的考生将能够切实地提高数学解题能力，最终轻松上阵应对留考数学。

2. 通过层层把关严格甄选的考点

为了最大限度地保证练习效果，本书所包含的共计100个题目（10套）是在对于上述真题出题倾向严格把控的情况下，按里面所涉及的全部知识考点分门别类，并分配每道题的分数精心打造，不仅包括微积分、排列组合、概率等热门知识点，还包含了今后的考试中极有可能出现的出题范围及近年出现的新题型。

3. 让你可以轻松举一反三的卷后解说

做题不是最终目的，提高思维能力才有意义。只要活用本书的书后解答，即可深化相关知识，拓宽备考知识面。

[本書の使い方]

数学で指定されている範囲の学習が終わったら，まずは実際の試験と全く同じ制限時間で本書の実戦問題に取り組んでみましょう。

問題を解き終わったら，正解とともに，得点と得点分布を確認してみましょう。自分の得点に加え，他の受験生の得点と比較することが可能です。自分の学習の進捗状況を認識するために活用してください。また，得点分布に関しては日本留学試験と同様に，項目反応理論を用いた得点等化を実施しておりますので，本番の試験を想定しやすい結果を得ることができます。巻末には実際の試験と同じ形式のマークシート記入用紙がありますので，そちらも利用してみましょう。

得点を確認したら自分の点数に一喜一憂するのではなく，Web上や巻末の解答・解説を利用して，解答できなかった問題はどうして解答できなかったのか，解答するのにどのような知識が必要だったのかを確認してください。さらに，正解した問題についても，解答・解説に関連する項目などが記載されていますので，自分の知識を深めるためにしっかりと復習しましょう。そして，何回か問題を解く過程で，自分の得意な分野・苦手な分野を把握し，学習の時間配分を決めることに役立てましょう。

本書は単純に実戦問題に解答して終わりではありません。その結果を振り返り，さらに知識を深めることで本当の価値を得ることができます。

本書の問題に何回も取り組み，数学への対策を万全にした皆さんは，実際の試験でも必ずよい結果を残すことができるはずです！

さあ，がんばりましょう！

[本书的使用方法]

编者建议各位考生在完成留考数学指定的所有相关知识点学习之后，完全按照实际考试时间要求使用这本题集。

完成该页面一套解题之后，在对照正确答案的同时，请参考自己的得分和该分数在总体得分分布中的排名。通过得分分布系统，考生可以轻松得知自己和其他完成该套题解答的考生之间得分的差距，以此对自身的学习进度能有充分的了解。同时，本程序的得分计算方式和留考计分方式——得分同化（每题的分值根据考试的样本大小和实际考生的水平会发生变化，正确率高的题分值往往较高，正确率低的题则反之）大体一致，考生可以获得使自身水平进一步提高的参考。此外，为了帮助考生从各方面都尽早地适应留考，书末还附有与实际考试形式完全一样的答题纸，敬请使用。

如上所述，做题绝不应该是使用本书的最终目的。希望各位考生能够通过书后及网页上的解说，弄清自己每个错题产生的根本原因，并彻底理解背后所涉及的各类知识点。同时，对于做对的题，也要常常复习，加深相关知识点的记忆。通过多次练习，在对自己擅长以及薄弱的领域都有一定了解的情况下，必将利于考生在日常的复习中更加合理地分配时间，从全局上提高复习效率。

此外，中日数学运算符号与概念也存在着一定的差异，下表中左列为日本数学符号与概念，右列为对应中国的符号与概念。本书为贴合留考形式，以日本数学运算符号书写习惯与概念进行编著。

中日数学符号对应表

日本使用符号与概念	中国对应符号与概念
log( )	ln( ) 或 $\log_e$( )
≦	⩽
≧	⩾
自然数	正整数
a以上	大于等于a
a以下	小于等于a

得点分布の確認

● **STEP 1**

book.mekoedu.com/eju にアクセスして，該当する問題集を選択してください。

● **STEP 2**

読み取ると，解答用紙が表示されます。解答だと思う番号をクリックして進めていきましょう。最後まで解き終わったら，画面の下にある「提出と正解表」ボタンを押しましょう。

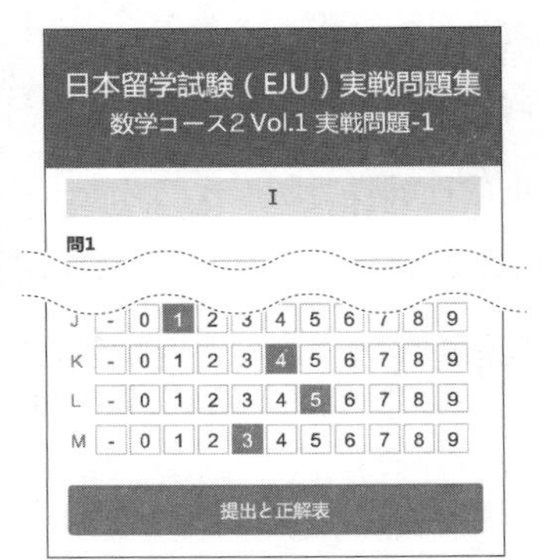

● **STEP 3**

正解表が表示されます。誤った問題は正解番号が赤になっていますので，しっかりと復習しましょう。「解説」ボタンを押すと，解説を確認することができます。また，画面下の「得点分布を見る」というボタンから，自分の得点と，全受験者の中での自分の位置を確認することができます。

※確認するためには登録とログインが必要です。(→操作方法はSTEP4へ)

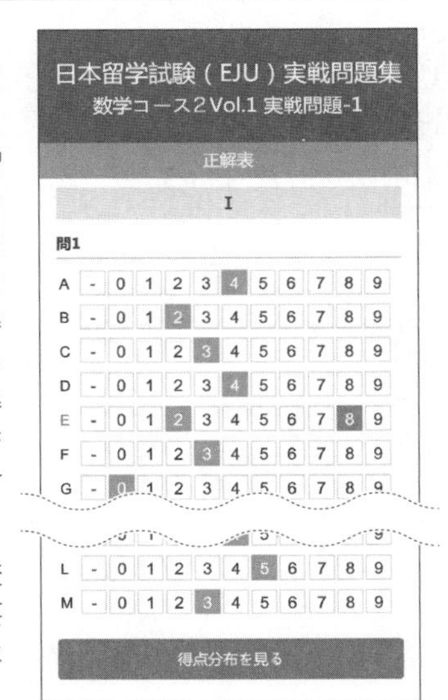

● **STEP 4**

「得点分布を見る」というボタンを押すと，登録画面が表示されます。必須項目をすべて記入したら，「登録」ボタンを押してください。

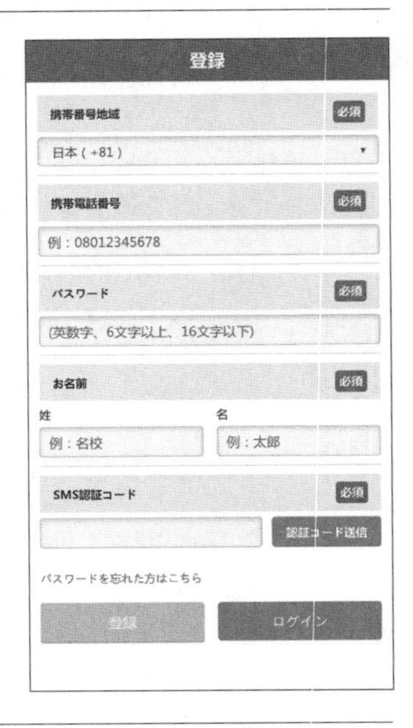

● **STEP 5**

自分の得点および，得点分布図が表示されます。

※実戦問題は何回でも受けることができますが，得点と得点分布の算出は一人一回のみです。

※日本留学試験とほぼ同様の，項目反応理論による得点等化を行っております。

※受験者数が増加していくにつれて，得点基準が変化することをご了承ください。

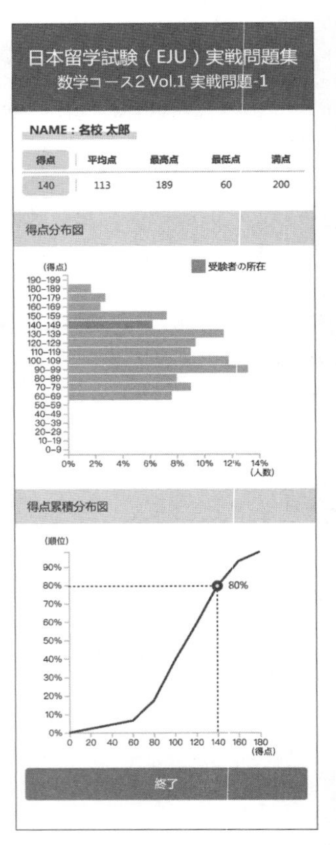

得分分布确认

●STEP 1

请在浏览器中输入
book.mekoedu.com/eju
进入相关书籍界面后，选择相应的习题集。

●STEP 2

页面会自动出现线上答题纸。请选择网页上的选项，自行作答。解答完毕后，请点击“提出と正解表”按钮提交答案。

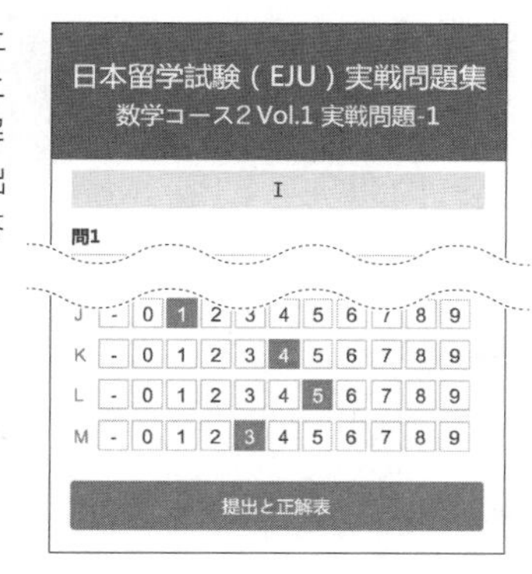

●STEP 3

成功提交答案之后页面会弹出正解表。如果之前的选择存在错误，正解答案会以红色出现，请一一对应，反复练习。核实答案正误之后，请点击“解说”按钮查看答案解析。在这之后，若想要进一步了解自己的分数在所有做过这套题的人当中的排名，请点击“得点分布を見る”按钮。

※如需查看排名，则需登录相关账号（操作方法详见STEP 4）。

●STEP 4

按下“得点分布を見る”按钮后，就会出现登录页面。请在该页面登入必要信息后按下“登録”按钮。

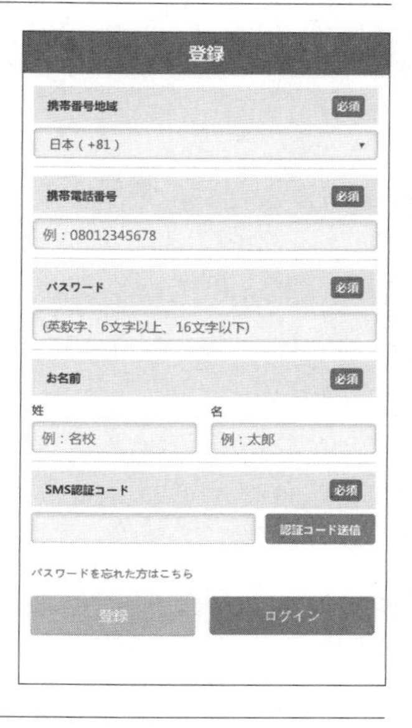

●STEP 5

完成上述步骤之后，使用者将可以进入得分分布图页面，同时得到自己的分数和排名。

※实战问题可以重复练习，但得分和得分分布的计算，一个账户仅支持一次。

※本程序的得分计算方式和留考计分方式得分同化（每题的分值根据考试的样本大小和实际考生的水平会发生变化，正确率高的题分值往往较高，正确率低的题则反之）大致一致。

※注：参与评分的人越多，得分基准会随之产生变化。

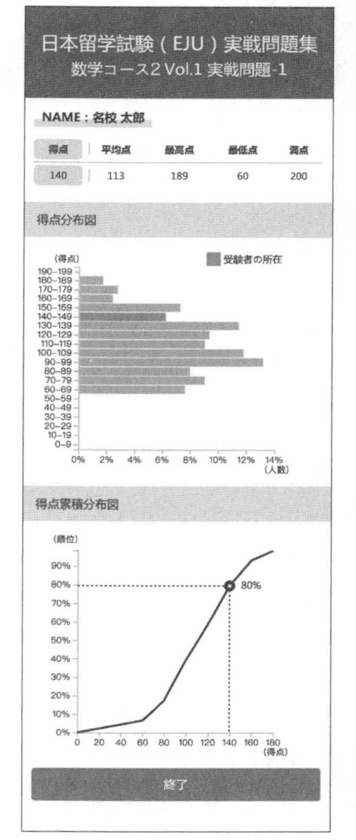

日本留学試験（EJU）実戦問題集
数学 Course2 Vol.1

CONTENTS

第1回

実戦問題

解答時間 80分

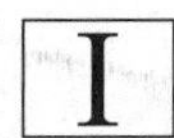

問1　a, b を定数とし，x の 2 次関数

$$f(x) = x^2 - 2ax + b$$

のグラフを F とする。グラフを 2 点 $(0, 3)$ と $(1, k)$ を通るとすると，

$$a = \frac{\boxed{\text{A}} - k}{\boxed{\text{B}}}, b = \boxed{\text{C}}$$

を得る。グラフ F は x 軸と A, B 2 点で交わるような k の値の範囲は

$$k < \boxed{\text{D}} - \boxed{\text{E}}\sqrt{\boxed{\text{F}}} \quad \text{または} \quad k > \boxed{\text{D}} + \boxed{\text{E}}\sqrt{\boxed{\text{F}}}$$

である。また，線分 AB の長さは 2 以上となるような k の値の範囲は

$$k \leqq \boxed{\text{G}} \quad \text{または} \quad k \geqq \boxed{\text{H}}$$

である。

注）2 次関数：Quadratic Function

－計算欄 (memo)－

問 2　P 最初に原点 $(0,0)$ にいて，さいころを投げるごとに，次の 3 つの規則に従って移動するものとする。

i）$(0,0)$ にいるとき，さいころの 2 以下の目が出たら $(1,0)$ に移動し，それ以外の数の目が出たら $(0,0)$ に留まる。
ii）$(1,0)$ にいるとき，さいころの奇数の目が出たら $(0,0)$ に，偶数の目が出たら $(1,1)$ に移動する。
iii）$(1,1)$ に着いたら，ゲームが終わる。

4 回以内にさいころを投げて移動した後に $(1,1)$ にいる確率を求めよう。

(1)　2 回でさいころを投げて移動した後に $(1,1)$ にいる確率は $\frac{\boxed{\text{I}}}{\boxed{\text{J}}}$ である。

(2)　3 回でさいころを投げて移動した後に $(0,0)$ にいる確率は $\frac{\boxed{\text{KL}}}{\boxed{\text{MN}}}$ である。

(3)　4 回でさいころを投げて移動した後に $(1,1)$ にいる確率は $\frac{\boxed{\text{OP}}}{\boxed{\text{QRS}}}$ である。

注）さいころ：Dice

－ 計算欄 (memo) －

I の問題はこれで終わりです。 I の解答欄 T ～ Z はマークしないでください。

四面体OABCにおいて，OA = OB = BC，OC = CA = AB である。$\overrightarrow{OA}=\vec{a}$，$\overrightarrow{OB}=\vec{b}$，$\overrightarrow{OC}=\vec{c}$ とおき，$\vec{a}\cdot\vec{b}=\frac{1}{2}$, $\vec{b}\cdot\vec{c}=\frac{3}{2}$, $|\vec{a}-\vec{b}|=\sqrt{3}$ である。

(1)　$\vec{a}\cdot\vec{b}=\frac{1}{2}$, $\vec{b}\cdot\vec{c}=\frac{3}{2}$, $|\vec{a}-\vec{b}|=\sqrt{3}$　によると，$OA=\sqrt{\boxed{A}}$, $OC=\sqrt{\boxed{B}}$，$\vec{a}\cdot\vec{c}=\boxed{C}$ が分かる。

(2)　いま，頂点Cから面OABに垂線を引いて，面OABの交点をDとする。点Dは面OABにあるから，$\overrightarrow{CD}=s\overrightarrow{CO}+t\overrightarrow{CA}+u\overrightarrow{CB}$ とおくと，

$$s+t+u=\boxed{D}$$

である。ここで，$\overrightarrow{CD}$ は $\vec{a}, \vec{b}, \vec{c}$ を用いて表せるから，

$$\overrightarrow{CD}=\frac{\boxed{E}}{\boxed{F}}\vec{a}+\frac{\boxed{G}}{\boxed{H}}\vec{b}-\vec{c}$$

であり，線分CDの長さは $\frac{\sqrt{\boxed{IJ}}}{\boxed{K}}$ である。従って，四面体OABCの体積は $\frac{\boxed{L}}{\boxed{MN}}$ である。

注）四面体：Tetrahedron，垂線：Perpendicular

－ 計算欄 (memo) －

Ⅱ の問題はこれで終わりです。Ⅱ の解答欄 O ～ Z はマークしないでください。

問1　複素数 z の方程式

$$z^4 = 2 + 2\sqrt{3}i \quad \cdots\cdots\cdots \quad ①$$

の解について考える。

$z = r(\cos\theta + i\sin\theta)$ とおき，$z^4 = r^{\boxed{\text{A}}}(\cos\boxed{\text{B}}\theta + i\sin\boxed{\text{B}}\theta)$

であるから，① を満たす r，$\theta(r > 0,\ 0 \leqq \theta < 2\pi)$ を求めると，

$$r = \sqrt{\boxed{\text{C}}}$$

$$\theta = \frac{\boxed{\text{D}}}{\boxed{\text{EF}}}\pi,\ \frac{\boxed{\text{G}}}{\boxed{\text{EF}}}\pi,\ \frac{\boxed{\text{HI}}}{\boxed{\text{EF}}}\pi,\ \frac{\boxed{\text{JK}}}{\boxed{\text{EF}}}\pi$$

を得る。ただし，$\boxed{\text{D}} < \boxed{\text{G}} < \boxed{\text{HI}} < \boxed{\text{JK}}$ とする。

複素数 ω の方程式

$$\omega^4 = t^4(2 + 2\sqrt{3}i) \quad \cdots\cdots\cdots \quad ②$$

の解について考える。ただし，t は実数であり，$0 \leqq t \leqq 2$ を満たす。

ω の解は $\boxed{\text{L}}$ 個があり，それらは t と共に変わる。いま，① と ② の解を1つずつ取り出し，複素数平面上で2つの解の距離 d を考える。このとき，d の最大値は $\boxed{\text{M}}\sqrt{\boxed{\text{N}}}$ である。

注）複素数：Complex Number

－ 計算欄 (memo) －

問2　次の文中の $\boxed{\text{Q}}$ と $\boxed{\text{R}}$ には下の選択肢 ⓪ ～ ① の中適するものを選びなさい。

a, b は定数で，$a>0$ とする。関数 $f(x)=\dfrac{x-b}{x^2+a}$ の最大値が $\dfrac{1}{4}$ であり，最小値が $-\dfrac{1}{6}$ であるとき，a, b の値を求めよう。

まず $f'(x)$ を調べる。

$$f'(x)=-\frac{x^2-\boxed{\text{O}}\,bx-a}{(x^2+a)^2}$$

である。

$f(x)$ が最大値と最小値共に持っているから，$f'(x)=0$ は異なる 2 つの実数解 x_1, x_2 $(x_1<x_2)$ をもつ。解と係数の関係によって，$x_1x_2=-a$, $x_1+x_2=\boxed{\text{P}}\,b$ である。$f(x)$ の最大値が $\dfrac{1}{4}$，最小値が $-\dfrac{1}{6}$ により，$f(x_1)=\boxed{\text{Q}}$，$f(x_2)=\boxed{\text{R}}$ である。

⓪　最小値　　　　①　最大値

したがって，$x_1=\boxed{\text{ST}}$, $x_2=\boxed{\text{U}}$, $a=\boxed{\text{V}}$, $b=\dfrac{\boxed{\text{WX}}}{\boxed{\text{Y}}}$ である。

－ 計算欄 (memo) －

Ⅲ の問題はこれで終わりです。 Ⅲ の解答欄 Z はマークしないでください。

次の文中の $\boxed{\text{G}}$ には，適する数を入れ，他の空欄には下の選択肢 ⓪ ～ ⑨ の中適するものを選びなさい。

次の定義される数列 $\{I_n\}$ を考える。

$$I_n = 2n\int_0^{\frac{\pi}{2}} x\sin x\cos^{2n-1}x\,dx \qquad (n=1, 2, 3, \cdots\cdots)$$

数列 $\{I_n\}$ の一般項を求めよう。

(1)　まず，$\int_0^{\frac{\pi}{2}}\cos^n x\,dx$ を考える。ここで $t=\frac{\pi}{2}-x$ とおくと，次の式

$$\int_0^{\frac{\pi}{2}}\cos^n x\,dx = -\int_{\frac{\pi}{\boxed{\text{B}}}}^{\boxed{\text{A}}}\cos^n\left(\frac{\pi}{2}-t\right)dt$$

が得られるため，$\int_0^{\frac{\pi}{2}}\cos^n x\,dx = \int_{\boxed{\text{D}}}^{\frac{\pi}{\boxed{\text{C}}}}\sin^{\boxed{\text{E}}}x\,dx$ が成り立つ。

(2)　数列 $\{I_n\}$ が積分法によると次の式に変形できる。

$$I_n = \int_0^{\frac{\pi}{2}}\sin^{\boxed{\text{F}}}x\,dx \qquad (n=1, 2, 3, \cdots)$$

したがって，$I_1 = \dfrac{\pi}{\boxed{\text{G}}}$ であり，数列 $\{I_n\}$ が次の漸化式を満たす。

$$I_n = \frac{\boxed{\text{H}}}{\boxed{\text{I}}}I_{n-1} \qquad (n=2, 3, 4, \cdots)$$

ここで，数列 $\{I_n\}$ 一般項が求められる。

⓪ 0	① 1	② 2	③ $n-1$
④ n	⑤ $n+1$	⑥ $2n$	⑦ $2n+1$
⑧ $2n-1$	⑨ $2n-2$		

注）数列：Number Sequence，漸化式：Recurrence Formula

－ 計算欄 (memo) －

Ⅳ の問題はこれで終わりです。Ⅳ の解答欄 J ～ Z はマークしないでください。

コース 2 の問題はこれですべて終わりです。解答用紙の Ⅴ はマークしないでください。

解答用紙の解答コース欄に「コース 2」が正しくマークしてあるか，もう一度確かめてください。

この問題冊子を持ち帰ることはできません。

第2回

実戦問題

解答時間 80分

I

問1　$-1 \leqq x \leqq 2$ の範囲において，x の 2 次関数

$$f(x) = ax^2 - 2ax + a + b$$

の最大値が 3 で，最小値が -5 であるとき，a と b の値を求めよう。

$$f(x) = a(x - \boxed{\mathsf{A}})^2 + b$$

より，

(1)　$a > 0$ のとき，

$$\begin{cases} \boxed{\mathsf{B}}\,a + b = \boxed{\mathsf{C}} \\ b = \boxed{\mathsf{DE}} \\ a = \boxed{\mathsf{F}} \end{cases}$$

である。

(2)　$a < 0$ のとき，

$$\begin{cases} \boxed{\mathsf{G}}\,a + b = \boxed{\mathsf{HI}} \\ b = \boxed{\mathsf{J}} \\ a = \boxed{\mathsf{KL}} \end{cases}$$

である。

注）2 次関数：Quadratic Function

－計算欄 (memo)－

問 2

(1) 次の **M** ～ **O** には，下の ⓪ ～ ③ の中から適するものを選びなさい。

i） $ab>0$ は，$a^2+b^2>0$ が成立するための **M** 。

ii） $|a|<1$ かつ $|b|<1$ は $a^2+b^2<1$ が成立するための **N** 。

iii） $a \geqq 0$ は $\sqrt{a^2}=a$ が成立するための **O** 。

⓪　必要十分条件である

①　必要条件であるが，十分条件ではない

②　十分条件であるが，必要条件ではない

③　必要条件でも十分条件でもない

(2) A, B, C の要素の個数がどれも 10 であるとき，$A\cap B\cap C=\varnothing$ であり，$A\cap B$, $B\cap C$, $C\cap A$ は $\varnothing$ ではなく，かつこれらの要素の個数は等しい。ただし，$\varnothing$ は空集合である。このとき，$A\cup B\cup C$ の要素の個数が多くとも **PQ** であり，少なくとも **RS** である。

－ 計算欄 (memo) －

I の問題はこれで終わりです。I の解答欄 T ～ Z はマークしないでください。

問 1　四面体OABCの辺AB，OCの中点を，それぞれM，Nとし，三角形ABCの重心をGとする。3つのベクトル$\overrightarrow{OA}$, $\overrightarrow{OB}$, $\overrightarrow{OC}$を$\overrightarrow{OA}=\vec{a}$, $\overrightarrow{OB}=\vec{b}$, $\overrightarrow{OC}=\vec{c}$とする。

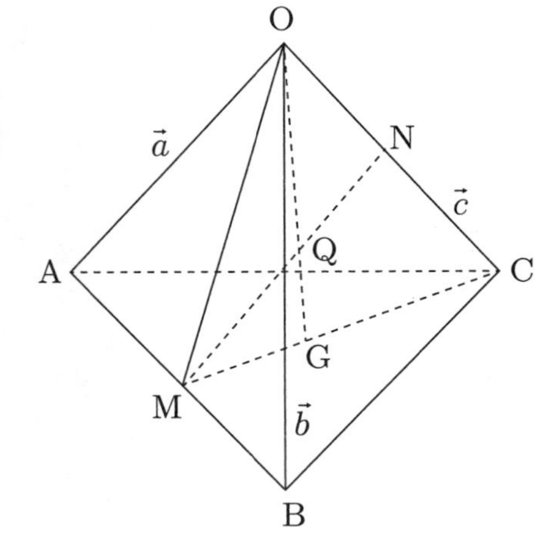

(1)　条件より，

$$\overrightarrow{OG}=\frac{1}{\boxed{\text{A}}}(\vec{a}+\vec{b}+\vec{c})$$

$$\overrightarrow{MN}=\overrightarrow{ON}-\overrightarrow{OM}=\frac{1}{\boxed{\text{B}}}(-\vec{a}-\vec{b}+\vec{c})$$

である。

(2)　三角形OMCにおいて，2つの線分OG，MNの交点をQとすると，$\overrightarrow{OQ}=s\overrightarrow{OG}(0<s<1)$ とおける。また，$\overrightarrow{MQ}=t\overrightarrow{MN}(0<t<1)$とおける。

$$\overrightarrow{OQ}=\frac{1}{\boxed{\text{C}}}(\boxed{\text{D}}-t)\vec{a}+\frac{1}{\boxed{\text{C}}}(\boxed{\text{E}}-t)\vec{b}+\frac{t}{\boxed{\text{C}}}\vec{c}$$

であるから，$\overrightarrow{OQ}=s\overrightarrow{OG}$ より，

$$s=\frac{\boxed{\text{F}}}{\boxed{\text{G}}}\qquad t=\frac{\boxed{\text{H}}}{\boxed{\text{I}}}$$

を得る。ゆえに，

$$\overrightarrow{OQ}=\frac{1}{\boxed{\text{J}}}(\vec{a}+\vec{b}+\vec{c})$$

である。

- 計算欄 (memo) -

問2　$z \neq 0$ とする。複素数平面上での点 z と点 z^5 が原点Oに関して対称の位置にあるとき，z を求めよう。

条件より，

$$z^5 = -z$$
$$z^4 = -1$$

がわかる。また，

$$z = r(\cos\theta + i\sin\theta)\ (r > 0,\ 0 \leqq \theta < 2\pi)$$

とすると，このとき，

$$z^4 = r^{\boxed{K}}\left(\cos\boxed{L}\theta + i\sin\boxed{L}\theta\right)$$

である。これが－1となるような，r と θ の値を求めると，

$$r = \boxed{M}$$

$$\theta = \frac{\boxed{N}}{\boxed{O}}\pi,\ \frac{\boxed{P}}{\boxed{O}}\pi,\ \frac{\boxed{Q}}{\boxed{O}}\pi,\ \frac{\boxed{R}}{\boxed{O}}\pi$$

$$z = \pm\left(\frac{1}{\sqrt{\boxed{S}}} + \frac{1}{\sqrt{\boxed{T}}}i\right),\ \pm\left(\frac{1}{\sqrt{\boxed{U}}} - \frac{1}{\sqrt{\boxed{V}}}i\right)$$

である。ただし，$\boxed{N} < \boxed{P} < \boxed{Q} < \boxed{R}$ とする。

注）複素数：Complex Number

－ 計算欄 (memo) －

Ⅱ の問題はこれで終わりです。 Ⅱ の解答欄 **W** ～ **Z** はマークしないでください。

III

関数 $f_1(x), f_2(x), f_3(x), \cdots, f_n(x), \cdots$，を次のように定める。

$$f_1(x)=(x^2-10x+30)e^x$$
$$f_{n+1}(x)=f_n{}'(x)\ (n=1,\ 2,\ 3,\ \cdots)$$

$f_n(x)=(x^2+a_nx+b_n)e^x$ と表すように，数列 $\{a_n\}, \{b_n\}$ を定義する。

$$f_{n+1}(x)=f_n{}'(x)=\left\{x^2+\left(a_n+\boxed{\mathsf{A}}\right)x+a_n+b_n\right\}e^x$$
$$a_n=\boxed{\mathsf{B}}\,n-\boxed{\mathsf{CD}}$$
$$b_n=n^2-\boxed{\mathsf{EF}}\,n+\boxed{\mathsf{GH}}$$

を得る。次に，曲線 $y=f_n(x)$ が2つの変曲点をもつような n をすべて求めよう。

$$f_n{}''(x)=\left\{x^2+\left(a_n+\boxed{\mathsf{I}}\right)x+\boxed{\mathsf{J}}\,a_n+b_n+\boxed{\mathsf{K}}\right\}e^x$$

であるから，2次方程式

$$x^2+\left(a_n+\boxed{\mathsf{I}}\right)x+\boxed{\mathsf{J}}\,a_n+b_n+\boxed{\mathsf{K}}=0$$

の判別式は

$$\mathrm{D}=a_n^2-\boxed{\mathsf{L}}\,b_n+\boxed{\mathsf{M}}$$

である。2つの変曲点をもつから，

$$\mathrm{D}>0$$

となり，したがって，

$$n>\boxed{\mathsf{N}}$$

である。求める n は $n\geqq\boxed{\mathsf{O}}$ であるすべての整数である。

注）数列：Number Sequence

－ 計算欄 (memo) －

III の問題はこれで終わりです。III の解答欄 P ～ Z はマークしないでください。

放物線 $y=x^2-2x$ と直線 $y=-x+2$ で囲まれた部分を，x 軸の周りに1回転してできた立体の体積を V とすると，x 軸の下側の部分を x 軸に関して対称に折り返した図形を合わせて考える必要があるから，V を3つの部分に分けられる。

$$V_1=\pi\int_{\boxed{AB}}^{\boxed{C}}\left(-x^4+\boxed{D}x^3-\boxed{E}x^2-\boxed{F}x+\boxed{G}\right)dx=\frac{\boxed{HI}}{\boxed{J}}\pi$$

$$V_2=\pi\int_{\boxed{C}}^{\boxed{K}}\left(x^2-\boxed{L}x+\boxed{M}\right)dx=\frac{\boxed{N}}{\boxed{O}}\pi$$

$$V_3=\pi\int_{\boxed{K}}^{\boxed{P}}\left(x^4-\boxed{Q}x^3+\boxed{R}x^2\right)dx=\frac{\boxed{S}}{\boxed{TU}}\pi$$

である。ただし，$\boxed{AB}<\boxed{C}<\boxed{K}<\boxed{P}$ とする。

したがって，

$$V=\frac{\boxed{VW}}{\boxed{X}}\pi$$

である。

注）放物線：Parabola

－ 計算欄 (memo) －

IV の問題はこれで終わりです。IV の解答欄 Y ～ Z はマークしないでください。
コース 2 の問題はこれですべて終わりです。解答用紙の V はマークしないでください。

解答用紙の解答コース欄に「コース 2」が正しくマークしてあるか，
もう一度確かめてください。

この問題冊子を持ち帰ることはできません。

第3回

実戦問題

解答時間 80 分

問1　a を定数とし，$g(x)=x^2-2(3a^2+5a)x+18a^4+30a^3+49a^2+16$とおく。
2 次関数 $y=g(x)$のグラフの頂点は

$$(\boxed{\mathsf{A}}\,a^2+\boxed{\mathsf{B}}\,a,\ \boxed{\mathsf{C}}\,a^4+\boxed{\mathsf{DE}}\,a^2+\boxed{\mathsf{FG}})$$

である。

a が実数全体を動かすとき，頂点の x 座標の最小値は $\dfrac{\boxed{\mathsf{HIJ}}}{\boxed{\mathsf{KL}}}$ である。

次に，$a^2=t$とおくと，頂点の y 座標は $\boxed{\mathsf{M}}\,t^2+\boxed{\mathsf{NO}}\,t+\boxed{\mathsf{PQ}}$ と表せる。したがって，a が実数全体を動かすとき，頂点の y 座標の最小値は $\boxed{\mathsf{RS}}$ である。

注）2 次関数：Quadratic Function，実数：Real Number

－計算欄 (memo)－

問2　実数 x に関する2つの条件 p, q を

$$p : x = 1$$
$$q : x^2 = 1$$

とする。また，条件 p, q の否定をそれぞれ $\overline{p}$, $\overline{q}$ で表す。

次の **T** , **U** , **V** , **W** に当てはまるものを，下の ⓪ ～ ③ のうちから一つずつ選びなさい。ただし，同じものを繰り返して選んでもよい。

(1)　q は p であるための **T** 。
(2)　$\overline{p}$ は q であるための **U** 。
(3)　(p または $\overline{q}$) は q であるための **V** 。
(4)　($\overline{p}$ かつ q) は q であるための **W** 。

⓪　必要十分条件である
①　必要条件であるが，十分条件ではない
②　十分条件であるが，必要条件ではない
③　必要条件でも十分条件でもない

－ 計算欄 (memo) －

Ⅰ の問題はこれで終わりです。Ⅰ の解答欄 **X** ～ **Z** はマークしないでください。

問 1　a, b を正の定数とし，方程式

$$\log_9 a = \log_{12} b = \log_{16}(a+b) = k \quad \cdots\cdots\cdots \quad ①$$

を考える。

方程式 ① により，$a = \boxed{\text{A}}^k,\ b = \boxed{\text{BC}}^k,\ a+b = \boxed{\text{DE}}^k$ となるため，

$$\boxed{\text{A}}^k + \boxed{\text{BC}}^k = \boxed{\text{DE}}^k \quad \cdots\cdots\cdots \quad ②$$

である。

方程式 ② により，$\left(\dfrac{\boxed{\text{F}}}{\boxed{\text{GH}}}\right)^k + \left(\dfrac{\boxed{\text{I}}}{\boxed{\text{J}}}\right)^k - 1 = 0$ が導けるため，$x = \left(\dfrac{\boxed{\text{I}}}{\boxed{\text{J}}}\right)^k$

とすると，2 次方程式 $x^2 + x - 1 = 0$ より，$x = \dfrac{-\boxed{\text{K}} + \sqrt{\boxed{\text{L}}}}{\boxed{\text{M}}}$ である。

したがって，$\dfrac{a}{a+b} = \dfrac{\boxed{\text{N}} - \sqrt{\boxed{\text{O}}}}{\boxed{\text{P}}}$ である。

－計算欄 (memo)－

問 2　右図に示すように，三角形 ABC の中に BD = 2CD，D を通る直線が辺 AB，AC と交わる点を E，F とする。ベクトル$\overrightarrow{AB}$を $\vec{a}$，$\overrightarrow{AC}$を $\vec{b}$ とする。
（ **R** から **U** までの答えは下にある選択肢 ⓪ ～ ⑦ の中に選びなさい）

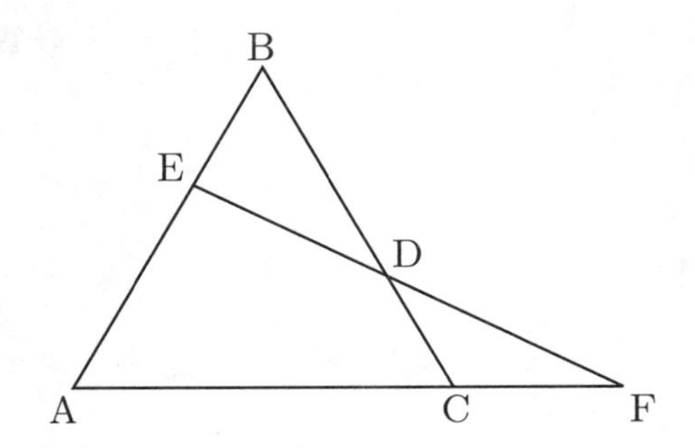

(1)　$\overrightarrow{AB}=m\overrightarrow{AE}$, $\overrightarrow{AC}=n\overrightarrow{AF}(m>0,\ n>0)$とすると，D, E, F は一直線上にあるため，

$$\overrightarrow{CD}=p_1\overrightarrow{CE}+(\boxed{\textbf{Q}}-p_1)\overrightarrow{CF}$$

である。

　また，$\overrightarrow{CE}=\overrightarrow{AE}-\overrightarrow{AC}$ により，

$$\overrightarrow{CD}=\boxed{\textbf{R}}\frac{\vec{a}}{m}+\boxed{\textbf{S}}\frac{\vec{b}}{n}$$

である。

同様に，$\overrightarrow{BD}=p_2\overrightarrow{BE}+(\boxed{\textbf{Q}}-p_2)\overrightarrow{BF}$ により，

$$\overrightarrow{BD}=\boxed{\textbf{T}}\frac{\vec{a}}{m}+\boxed{\textbf{U}}\frac{\vec{b}}{n}$$

である。すると，$\overrightarrow{BD}=-2\overrightarrow{CD}$ により，

$$\boxed{\textbf{T}}=-2\boxed{\textbf{R}},\ \boxed{\textbf{U}}=-2\boxed{\textbf{S}}$$

である。したがって，

$$m+\boxed{\textbf{V}}n=\boxed{\textbf{W}}$$

が導ける。

(2)　mn の最大値は $\dfrac{\boxed{\textbf{X}}}{\boxed{\textbf{Y}}}$ である。

⓪　p_1	①　$1-p_1$	②　p_1-n	③　$1-p_1-n$
④　p_2	⑤　$1-p_2$	⑥　p_2-m	⑦　$1-p_2-m$

注）ベクトル：Vector

- 計算欄 (memo) -

Ⅱ の問題はこれで終わりです。 Ⅱ の解答欄 Z はマークしないでください。

a, b, cを実数とし，2次方程式$ax^2+bx+c=0$の2つの解x_1とx_2は虚数であり，

$\dfrac{x_1^2}{x_2}$は実数である。

(1)　$\dfrac{x_1^2}{x_2}$は実数であるため，$x_1^{\boxed{A}}$は実数である。ただし，$\boxed{A}$はx_1^nを実数にする最小の正の整数である。

(2)　$x_1=r(\cos\theta+i\sin\theta)(r>0,\ 0\leqq\theta<2\pi)$とすると，

$$x_1^{\boxed{A}}=r^{\boxed{B}}\left(\cos\boxed{C}\theta+i\sin\boxed{C}\theta\right)$$

である。また，$x_1^{\boxed{A}}$は実数であるため，$\sin\boxed{C}\theta=\boxed{D}$が導ける。
以上により，

$$\theta=\frac{\boxed{E}}{\boxed{F}}\pi,\ \frac{\boxed{G}}{\boxed{F}}\pi,\ \frac{\boxed{H}}{\boxed{F}}\pi,\ \frac{\boxed{I}}{\boxed{F}}\pi$$

（ただし，$\boxed{E}<\boxed{G}<\boxed{H}<\boxed{I}$とする。）

θの値により，$\dfrac{x_1}{x_2}=\dfrac{-\boxed{J}\pm\sqrt{\boxed{K}}\,i}{\boxed{L}}$である。

(3)　$\dfrac{x_1}{x_2}=\dfrac{-\boxed{J}+\sqrt{\boxed{K}}\,i}{\boxed{L}}$とする。複素数の数列$a_n=\left(\dfrac{x_1}{x_2}\right)^n$であり，$S_n$は数列$\{a_n\}$の初項から第$n$項までの和を表すと，$S_n$の値は

$$\boxed{MN},\ \boxed{O},\ \frac{-\boxed{P}+\sqrt{\boxed{Q}}\,i}{\boxed{R}}$$

いずれかの1つである。

注）虚数：Imaginary Number，実数：Real Number，複素数：Complex Number，
数列：Number Sequence

－ 計算欄 (memo) －

III の問題はこれで終わりです。III の解答欄 S ～ Z はマークしないでください。

IV

関数 $f(x)=(x+1)e^x$ と $g(x)=x^4+1$ を考える。

(1)　$f(x)$ と $g(x)$ の導関数 $f'(x)=\left(x+\boxed{\text{A}}\right)e^x$, $g'(x)=\boxed{\text{B}}x^{\boxed{\text{C}}}$ である。
また，$\mathrm{M}(1, f(1))$ における $f(x)$ の接線の方程式は $f_1(x)=e\left(\boxed{\text{D}}x-\boxed{\text{E}}\right)$ である。

(2)　$F(x)=f(x)-f_1(x)$ とすると，

$$F'(x)=\left(x+\boxed{\text{F}}\right)e^x-\boxed{\text{G}}e$$

$F'(x)=0$ の解は $x=\boxed{\text{H}}$ であるため，$F(x)$ の最小値は $F\left(\boxed{\text{H}}\right)$ である。
ゆえに，

$$F(x)\geqq F\left(\boxed{\text{H}}\right)=\boxed{\text{I}}$$

である。
また，$\mathrm{N}(-1, g(-1))$ における $g(x)$ の接線の方程式は

$$g_1(x)=-\boxed{\text{J}}x-\boxed{\text{K}}$$

である。
同様に，$G(x)=g(x)-g_1(x)\geqq\boxed{\text{L}}$ が分かる。

(3)　m を定数とし，$f(x)=m$ の解を x_1，$g(x)=m$ の負の解を x_2 とすると，(2)の結論により，$x_1-x_2<\dfrac{\boxed{\text{M}}}{\boxed{\text{N}}}+\dfrac{\boxed{\text{O}}e+\boxed{\text{P}}}{\boxed{\text{QR}}e}m$ が得られる。

(4)　$g(x)$ と $y=17$ で囲まれる面積は $S=\dfrac{\boxed{\text{STU}}}{\boxed{\text{V}}}$ である。

注）接線：Tangent

－ 計算欄 (memo) －

IV の問題はこれで終わりです。IV の解答欄 W ～ Z はマークしないでください。
コース 2 の問題はこれですべて終わりです。解答用紙の V はマークしないでください。

解答用紙の解答コース欄に「コース 2」が正しくマークしてあるか，もう一度確かめてください。

この問題冊子を持ち帰ることはできません。

第4回

実戦問題

解答時間 80分

I

問1　2次関数

$$y=f(x)=bx^2+2bx+b^2\,(b\neq 0)$$

を考える。$f(x)$ の頂点 (x_0, y_0) とすると，

$$x_0=\boxed{\mathsf{AB}}$$
$$y_0=b\left(b-\boxed{\mathsf{C}}\right)$$

を得る。

(1)　$b>0$のとき，

$$y_0 \geqq \frac{\boxed{\mathsf{DE}}}{\boxed{\mathsf{F}}}$$

である。

(2)　$b<0$のとき，

$$y_0>\boxed{\mathsf{G}}$$

である。

(3)　次に $f(x)=0$ とすると，x は異なる2つの解をもつなら，

$$b<\boxed{\mathsf{H}}$$

であり，
特に $b=\frac{1}{2}$ のとき，

$$x=\boxed{\mathsf{IJ}}\pm\frac{\sqrt{\boxed{\mathsf{K}}}}{\boxed{\mathsf{L}}}$$

である。

注）2次関数：Quadratic Function

－計算欄 (memo)－

問 2　3 つの数えでできた数字ボックスを (A,B,C) で表す。ただし, $2 \leqq A \leqq 5$, $1 \leqq B \leqq 4$, $3 \leqq C \leqq 6$, A, B, C は整数である。(A, B, C) は **MN** 通りある。

以下の各事象の確率を求めよう。

$$P_{(A=B=C)} = \frac{\boxed{\text{O}}}{\boxed{\text{PQ}}}$$

$$P_{(A+B+C<7)} = \frac{\boxed{\text{R}}}{\boxed{\text{ST}}}$$

$$P_{(A+B+C>7)} = \frac{\boxed{\text{UV}}}{\boxed{\text{WX}}}$$

注）確率：Probability

－ 計算欄 (memo) －

I の問題はこれで終わりです。 I の解答欄 Y ～ Z はマークしないでください。

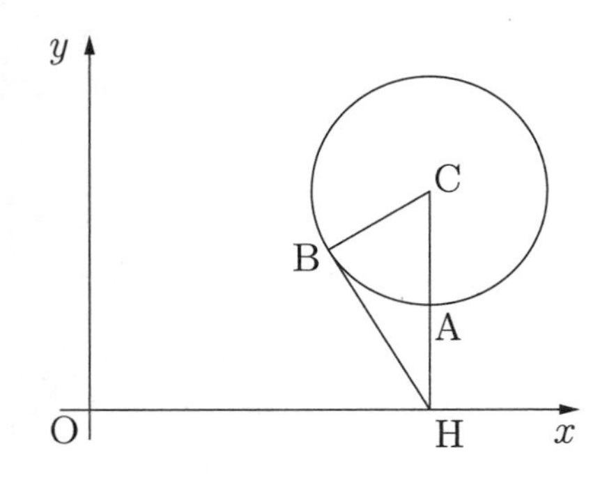

右の図のように，二次元平面の座標 $(3, 2)$ の位置にCを中心とする単位円がある。Bは円上の動点で，HはCから引いた x 軸への垂直線の垂足である。

$\angle BCH = \theta$ とする $(0 \leqq \theta \leqq \pi)$

$$|\overrightarrow{OH}| = \boxed{A},\quad |\overrightarrow{HC}| = \boxed{B}$$

である。

(1)　$\theta = \dfrac{\pi}{6}$ のとき，

$$\overrightarrow{OB} = \left(\frac{\boxed{C}}{\boxed{D}},\ \boxed{E} - \frac{\sqrt{\boxed{F}}}{\boxed{G}}\right)$$

である。

(2)　θ は動いているとき，

$$\overrightarrow{CB} = (\boxed{H}\sin\theta,\ \boxed{I}\cos\theta)$$
$$\overrightarrow{OB} = (\boxed{J},\ \boxed{K}) + \overrightarrow{CB}$$
$$\overrightarrow{HB} = \overrightarrow{OB} - (\boxed{L},\ \boxed{M})$$

を得る。ここで $k = |\overrightarrow{HB} \cdot \overrightarrow{BC}| = |\boxed{N}\cos\theta - \boxed{O}|$ とすると，

k の最小値は $\boxed{P}$ である。このとき，$\theta = \dfrac{\boxed{Q}}{\boxed{R}}\pi$ である。

k の最大値は $\boxed{S}$ である。

(3)　三角形HBCの面積は $\theta = \dfrac{\boxed{T}}{\boxed{U}}\pi$ で最大値 $\boxed{V}$ をとる。

注）垂足：Foot−Drop

－計算欄 (memo)－

Ⅱ の問題はこれで終わりです。Ⅱ の解答欄 **W** ～ **Z** はマークしないでください。

III

数列$\{a_n\}$について，$\boxed{\mathbf{A}}$～$\boxed{\mathbf{I}}$はこのページの一番下の ㊀ ～ ⑨ の中からを選択しなさい。

$$\log_2 3 = \log_{a_{n+1}} a_{n+2} - \log_{a_n} a_{n+1},\ a_1 = 2,\ a_2 = 3$$

この数列の一般項a_nを求めよう。

$b_n = \log_{a_n} a_{n+1}$とすると，

$$b_{n+1} - b_n = \log_2 3,\ b_1 = \log_{\boxed{\mathbf{A}}} \boxed{\mathbf{B}}$$

である。したがって，

$$b_n = \left(\log_{\boxed{\mathbf{C}}} \boxed{\mathbf{D}}\right) \cdot n$$

である。以下$k = \log_{\boxed{\mathbf{C}}} \boxed{\mathbf{D}}$とすと，

$$\log_{a_n} a_{n+1} = kn$$

と書ける。$c_n = \log_e a_n$とおくと，

$$\frac{c_{\boxed{\mathbf{E}}}}{c_{\boxed{\mathbf{F}}}} = kn,\quad c_1 = \log_e \boxed{\mathbf{G}}$$

を得る。

$c_{\boxed{\mathbf{E}}} = kn \cdot c_{\boxed{\mathbf{F}}} = kn \cdot (k(n-1)c_{\boxed{\mathbf{F}}-1}) = \cdots$ より

$$c_n = k^{\boxed{\mathbf{H}}}\left(\boxed{\mathbf{I}}\right)!\,c_1$$

であり，

$$a_n = e^{k^{\boxed{\mathbf{H}}}\left(\boxed{\mathbf{I}}\right)!\,c_1}$$

である。

㊀ −	⓪ 0	① 1	② 2
③ 3	④ 4	⑤ 5	⑥ $n-1$
⑦ n	⑧ $n+1$	⑨ n^2	

注）数列：Number Sequence

－ 計算欄 (memo) －

III の問題はこれで終わりです。III の解答欄 J ～ Z はマークしないでください。

問１　次の $\boxed{\text{I}}$, $\boxed{\text{K}}$, $\boxed{\text{M}}$ には，下の ⓪ ～ ③ の中から適するものを選びなさい。

$-\dfrac{\pi}{2} \leqq x \leqq \dfrac{\pi}{2}$ における $f(x) = 2\cos x + \dfrac{\sqrt{2}}{2}x^2$ の最大値と最小値を求めよう。

まず，$f'(x)$ と $f''(x)$ を求めると，

$$f'(x) = \boxed{\text{AB}}\sin x + \sqrt{\boxed{\text{C}}}\,x$$
$$f''(x) = \boxed{\text{AB}}\cos x + \sqrt{\boxed{\text{C}}}$$

を得る。

　また，$f(x)$ は偶関数であるから，$\boxed{\text{D}} \leqq x \leqq \dfrac{\pi}{\boxed{\text{E}}}$ のときを考えると十分である。

$f'(0) = \boxed{\text{F}}$ であり，$f'\left(\dfrac{\pi}{2}\right) = \boxed{\text{GH}} + \dfrac{\sqrt{\boxed{\text{C}}}}{2}\pi \boxed{\text{I}} 0$ である。

$f''(x) = 0$ となるのは，$x = \dfrac{\pi}{\boxed{\text{J}}}$ のときである。

よって，$\boxed{\text{D}} < x < \dfrac{\pi}{\boxed{\text{E}}}$ において，$f'(x) = 0$ となる x がただ１つ存在するから，その値を k とすると，$f(k)$ は $\boxed{\text{K}}$ であり，$x = \boxed{\text{L}}$ のとき，$f(\boxed{\text{L}})$ は $\boxed{\text{M}}$ である。

⓪ $>$　　　① $<$　　　② 最大値　　　③ 最小値

注）偶関数：Even Function

－ 計算欄 (memo) －

問2　2つの関数

$$y=f(x)=-x^2+\frac{7}{4}-t^2$$
$$y=g(x)=x$$

で囲まれた面積を求めよう。

$x=-x^2+\frac{7}{4}-t^2$ より，2つの関数の交点の x 座標は

$$x=\frac{\boxed{\text{NO}}}{\boxed{\text{P}}}\pm\sqrt{\boxed{\text{Q}}-t^2}$$ （α, β を対応させ，$\alpha \leqq \beta$ とする）

が求められる。したがって，面積は

$$S(t)=\int_{\alpha}^{\beta}-x^2-x+\frac{7}{4}-t^2dx$$
$$=\frac{\boxed{\text{R}}}{\boxed{\text{S}}}(\boxed{\text{T}}-t^2)^{\frac{\boxed{\text{U}}}{\boxed{\text{V}}}}$$

である。

－ 計算欄 (memo) －

IV の問題はこれで終わりです。IV の解答欄 W ～ Z はマークしないでください。
コース 2 の問題はこれですべて終わりです。解答用紙の V はマークしないでください。

解答用紙の解答コース欄に「コース 2」が正しくマークしてあるか,
もう一度確かめてください。

この問題冊子を持ち帰ることはできません。

第5回

実戦問題

解答時間 80分

問1　2次関数

$$y_1 = x^2 - x - 2$$
$$y_2 = x^2 - (b+a)x + ab$$

を考える。（ **A** は ⓪ ～ ③ の中から一つを選びなさい）

(1)

P：$y_1 > 0$ を満たす x の範囲
Q：$y_2 > 0$ を満たす x の範囲

$b=-3$ のとき，P は Q の必要条件であるが，十分条件ではないとき，a の範囲は **A** である。

⓪　$a \geqq 2$　　①　$a \leqq 2$　　②　$a > -2$　　③　$a < -2$

(2)

$$y_1 > 0$$
$$y_2 < 0$$

この2つの条件を同時に満たす x は負の解と正の解をもつが，整数の解をもたないとき，

BC $\leqq a < -1$

$2 < b \leqq$ **D**

である。ただし，ここで $a < b$ とする。

注）2次関数：Quadratic Function

－計算欄 (memo)－

問2　1～5の5つの数を一列に並んでできた5桁の正の整数を考える。

(1)　整数は **EFG** 個ある。

(2)　同じ数字を何回も使うことにすれば，整数は **HIJK** 個ある。

(3)　同じ数字を2回以下を使うことにすれば，整数は **LMNO** 個ある。

－ 計算欄 (memo) －

I の問題はこれで終わりです。 I の解答欄 P ～ Z はマークしないでください。

xy 平面で原点を中心とし，半径は2の円Oをかく。PとQは円上の点であり，Qは x 軸の正の半部にある。$\angle POQ=\dfrac{2}{3}\pi$，M，NはOPとOQの中点，右の図のように，ある点Aは $\overset{\frown}{PQ}$ に置いていく。OAを結んで，$\angle AOQ=\theta$ とすると，

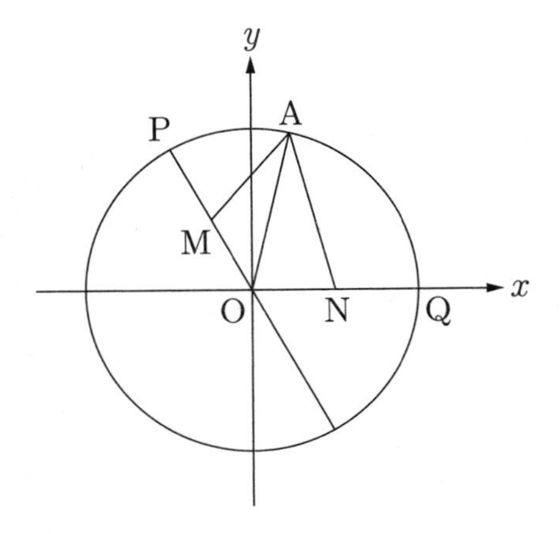

$$A=(\boxed{A}\cos\theta,\ \boxed{A}\sin\theta)\ \left(0\leqq\theta\leqq\frac{2}{3}\pi\right)$$

また，

$$M=\left(\frac{\boxed{BC}}{\boxed{D}},\ \frac{\sqrt{\boxed{E}}}{\boxed{F}}\right)$$

$$N=(\boxed{G},\ \boxed{H})$$

である。

$$\overrightarrow{AM}\cdot\overrightarrow{AN}=\frac{\boxed{I}}{\boxed{J}}-\boxed{K}\sin\left(\theta+\frac{\pi}{\boxed{L}}\right)$$

したがって，$\overrightarrow{AM}\cdot\overrightarrow{AN}$ の値の範囲は

$$\frac{\boxed{M}}{\boxed{N}}\leqq\overrightarrow{AM}\cdot\overrightarrow{AN}\leqq\frac{\boxed{O}}{\boxed{P}}$$

である。

－ 計算欄 (memo) －

Ⅱ の問題はこれで終わりです。Ⅱ の解答欄 Q ～ Z はマークしないでください。

III

正の数列$\{a_n\}$は

$$a_1 = 1$$
$$a_nS_{n+1} - a_{n+1}S_n + a_n - a_{n+1} = \lambda a_n a_{n+1} (\lambda \neq 0,\ n=1,\ 2,\ 3\cdots)$$

を満たす。

(1)　a_1, a_2, a_3は等比数列であるとき,

$$a_2 = \frac{\boxed{\text{A}}}{\boxed{\text{B}} + \lambda}$$

$$a_3 = \frac{\boxed{\text{C}}\lambda + \boxed{\text{D}}}{(\lambda + \boxed{\text{E}})(\boxed{\text{F}}\lambda + \boxed{\text{G}})}$$ であって,

$$\lambda = \boxed{\text{H}}$$

を得る。

(2)　$\lambda = \frac{1}{2}$ の場合,

$$\frac{S_1 + 1}{a_1} = \boxed{\text{I}}$$

また, $\frac{S_{n+1} + 1}{a_{n+1}} - \frac{S_n + 1}{a_n} = \frac{\boxed{\text{J}}}{\boxed{\text{K}}}$

したがって,

$$S_n + 1 = \left(\frac{n}{\boxed{\text{L}}} + \frac{\boxed{\text{M}}}{\boxed{\text{N}}}\right)a_n$$

$n \geqq 2$のとき, $\frac{a_n}{n + \boxed{\text{O}}} = \frac{a_{n-1}}{n + \boxed{\text{P}}}$ であって,

$$a_n = \frac{\boxed{\text{Q}}}{\boxed{\text{R}}}(n + \boxed{\text{S}})$$

である。

注）等比数列：Geometric Progression

－計算欄 (memo)－

III の問題はこれで終わりです。III の解答欄 T ～ Z はマークしないでください。

問 1　a を正の実数として，次の 2 つの関数を定める。

$$C_1 : y = x^2 + 4a^2$$
$$C_2 : y = x^2 - 4x + 4a^2$$

C_1とC_2の両方接する直線を l とする。
点 $(t,\ t^2 + 4a^2)$ におけるC_1の接線はC_2に接するのは，$t = \boxed{\text{AB}}$ のときである。
したがって，直線 l の方程式は

$$y = \boxed{\text{CD}}\,x - \boxed{\text{E}} + \boxed{\text{F}}\,a^2$$

であり，C_2との接点座標は $\left(\boxed{\text{G}},\ \boxed{\text{HI}} + \boxed{\text{J}}\,a^{\boxed{\text{K}}}\right)$ である。

- 計算欄 (memo) -

問 2　極方程式 $r=1-\cos\theta(0\leqq\theta\leqq\pi)$ で表される曲線の長さを求めよう。

$x=r\cos\theta,\ y=r\sin\theta$ とおき，

曲線の長さは

$$\int_{\boxed{\text{L}}}^{\pi}\left\{\left(\frac{dx}{d\theta}\right)^{\boxed{\text{M}}}+\left(\frac{dy}{d\theta}\right)^{\boxed{\text{M}}}\right\}^{\frac{\boxed{\text{N}}}{\boxed{\text{O}}}}d\theta=\int_{\boxed{\text{L}}}^{\pi}\sqrt{\boxed{\text{P}}-\boxed{\text{Q}}\cos\theta}\,d\theta=\boxed{\text{R}}$$

である。

注）極方程式：Polar equation

－ 計算欄 (memo) －

[IV] の問題はこれで終わりです。[IV] の解答欄 [S] ～ [Z] はマークしないでください。
コース 2 の問題はこれですべて終わりです。解答用紙の [V] はマークしないでください。

解答用紙の解答コース欄に「コース 2」が正しくマークしてあるか，
もう一度確かめてください。

この問題冊子を持ち帰ることはできません。

第6回

实戦問題

解答時間 80 分

I

問1　A ～ F には，下の ⓪ ～ ⑨ の中から適するものを選びなさい。

次の x についての関数を考える。

$$y=\left|\frac{1}{2}x^2-1\right|$$

Pは関数のグラフ上の点であり，点Aを $A(0,a)$，$a>1$ とおき，$|PA|$ の最小値を求めよう。

(1)　$-\sqrt{\boxed{A}}\leqq x\leqq\sqrt{\boxed{A}}$ のとき，

$$y=1-\frac{1}{2}x^2$$

$|PA|$ の最小値は $\boxed{B}$ である。

(2)　$|x|>\sqrt{\boxed{A}}$ のとき，

$$y=\frac{1}{2}x^2-1$$

である。点Pを $P(x,y)$ とおくと，

$$|PA|^2=x^2+(y-a)^2 \quad かつ \quad y=\frac{1}{2}x^2-1$$

であるから，

$$|PA|^2=y^2-2\boxed{C}y+\boxed{D}+2,\ y>0$$

が導かれ，対称軸

$$y=\boxed{C}>0$$

より

$$|PA|^2_{\min}=\boxed{E},|PA|=\sqrt{\boxed{E}}$$

$$(a-1)^2-\boxed{E}=a^2-\boxed{F}a$$

が得られる。

⓪　0	①　1	②　2	③　3	④　4
⑤　$a-1$	⑥　$a+1$	⑦　a	⑧　$2a+1$	⑨　a^2

注）対称軸：Line Symmetry

－計算欄(memo)－

問2　2つの箱A, Bがある。

箱Aには，次のようなカードが合わせて4枚入っている。

「0」の数字が書かれたカードが1枚

「1」の数字が書かれたカードが1枚

「2」の数字が書かれたカードが2枚

箱Bには，次のようなカードが合わせて7枚入っている。

「0」の数字が書かれたカードが3枚

「1」の数字が書かれたカードが2枚

「2」の数字が書かれたカードが2枚

箱Aから1枚のカードを, Bから2枚のカードを同時に取り出すことを考え，以下の各事象の確率を求めよう。

(1)　3枚のカードに書かれた数字がすべて0である確率は $\frac{\boxed{G}}{\boxed{HI}}$ である。

(2)　3枚のカードに書かれた数字の積が4である確率は $\frac{\boxed{J}}{\boxed{KL}}$ である。

(3)　3枚のカードに書かれた数字の積が0である確率は $\frac{\boxed{MN}}{\boxed{OP}}$ である。

注）確率：Probability

－ 計算欄 (memo) －

Ⅰ の問題はこれで終わりです。Ⅰ の解答欄 **Q** ～ **Z** はマークしないでください。

II

半径 1 の外接円を持つ三角形 ABC の外心を O とする。$\overrightarrow{OA}=\vec{a}$, $\overrightarrow{OB}=\vec{b}$, $\overrightarrow{OC}=\vec{c}$ とおく。$2\vec{a}+3\vec{b}+3\vec{c}=\vec{0}$ であるとき，AB と BC の長さを求めよう。

$$|\vec{a}|=|\vec{b}|=|\vec{c}|=\boxed{\mathsf{A}}$$

であるので，$2\vec{a}+3\vec{b}+3\vec{c}=\vec{0}$ に代入すると，

$$\boxed{\mathsf{B}}|\vec{a}|^2+\boxed{\mathsf{CD}}\,\vec{a}\cdot\vec{b}+\boxed{\mathsf{E}}|\vec{b}|^2=\boxed{\mathsf{F}}|\vec{c}|^2$$

を得る。
したがって，

$$\vec{a}\cdot\vec{b}=\frac{\boxed{\mathsf{GH}}}{\boxed{\mathsf{I}}}$$

ことがわかる。よって，

$$\mathrm{AB}=|\overrightarrow{AB}|=\frac{\boxed{\mathsf{J}}\sqrt{\boxed{\mathsf{K}}}}{\boxed{\mathsf{L}}}$$

である。
また，同様に，

$$\vec{b}\cdot\vec{c}=\frac{\boxed{\mathsf{MN}}}{\boxed{\mathsf{O}}}$$

であることにより，

$$\mathrm{BC}=|\overrightarrow{BC}|=\frac{\boxed{\mathsf{P}}\sqrt{\boxed{\mathsf{Q}}}}{\boxed{\mathsf{R}}}$$

が得られる。

注）外接円：Circumscribed Circle

－計算欄 (memo)－

Ⅱ の問題はこれで終わりです。Ⅱ の解答欄 **S** ～ **Z** はマークしないでください。

$z_1=1+3i,\ z_2=-5+5i$ とし，複素数平面において $\mathrm{P}(z_1), \mathrm{Q}(z_2)$ とする。直線 OQ に関する点 P と対称な点を $\mathrm{R}(z_3)$とおく。z_3を求めよう。

$\angle\mathrm{POQ}=\theta$ とおき，$\theta=\arg\left(\dfrac{z_2}{z_1}\right)=\arg\left(\boxed{\text{A}}+\boxed{\text{B}}\,i\right)$ である。

ここで，$\boxed{\text{A}}+\boxed{\text{B}}\,i=\sqrt{\boxed{\text{C}}}(\cos\theta+i\sin\theta)$ に変換し，θ の大きさがわかる。よって，

$$\cos 2\theta=\frac{\boxed{\text{DE}}}{\boxed{\text{F}}},\ \sin 2\theta=\frac{\boxed{\text{G}}}{\boxed{\text{H}}}$$

がわかる。$\mathrm{P}(z_1)$を O を中心に 2θ 回転すると $\mathrm{R}(z_3)$が得られるから，

$$z_3=z_1(\cos\theta+i\sin\theta)^{\boxed{\text{I}}}=\boxed{\text{JK}}-i$$

である。

注）複素数：Complex Number

－ 計算欄 (memo) －

Ⅲ の問題はこれで終わりです。Ⅲ の解答欄 L ～ Z はマークしないでください。

IV

問 1　関数 $f(x)=x^3+ax^2+bx+c$ が $x=m$ で極大値，$x=n$ で極小値をとり，$f(m)-f(n)=4$，$b=a^2-5$ となるとき，a の値を求めよう。

まず，$f'(x)$を求めると，

$$f'(x)=\boxed{\text{A}}x^2+\boxed{\text{B}}ax+b$$

となり，極大値と極小値をともにもつから，判別式は

$$a^2-\boxed{\text{C}}b>0$$

である。また，

$$m+n=\frac{\boxed{\text{DE}}}{\boxed{\text{F}}}a$$

$$mn=\frac{\boxed{\text{G}}}{\boxed{\text{H}}}b$$

がわかる。

また，$f(m)-f(n)=4$ によって，

$$f(m)-f(n)=\frac{\boxed{\text{I}}}{\boxed{\text{J}}}(n-m)^{\boxed{\text{K}}}$$

$$n-m=\boxed{\text{L}}$$

したがって，$a=\pm\sqrt{\boxed{\text{M}}}$ である。

－ 計算欄 (memo) －

問 2　定積分

$$I=\int_0^{\frac{\pi}{2}}(\cos\theta)^3(\sin\theta)^6 d\theta$$

の値を求めよう。

(1)　まず，積分 $J=\int_0^{\frac{\pi}{2}}\cos\theta(\sin\theta)^6 d\theta$ に対して，$\sin\theta=t$ とおくと，

$$J=\int_{\boxed{\mathsf{N}}}^{\boxed{\mathsf{O}}} t^{\boxed{\mathsf{P}}}dt$$

に変更可能であるから，J の値は $\dfrac{\boxed{\mathsf{Q}}}{\boxed{\mathsf{R}}}$ である。

(2)　次の文中の $\boxed{\mathsf{S}}$ には，下の選択肢 ⓪ ～ ⑤ の中から適するものを選びなさい。

一般に，自然数 $m, n(n\geqq 2)$ に対して，

$$\int_0^{\frac{\pi}{2}}(\sin\theta)^m(\cos\theta)^n d\theta=\boxed{\mathsf{S}}$$

である。

⓪ $\dfrac{n}{m+n}\int_0^{\frac{\pi}{2}}(\sin\theta)^{m+1}(\cos\theta)^{n-1}d\theta$　　① $\dfrac{n-1}{m+n}\int_0^{\frac{\pi}{2}}(\sin\theta)^m(\cos\theta)^{n-2}d\theta$

② $\dfrac{n+1}{m+n}\int_0^{\frac{\pi}{2}}(\sin\theta)^m(\cos\theta)^{n-1}d\theta$　　③ $-\dfrac{n}{m+n}\int_0^{\frac{\pi}{2}}(\sin\theta)^{m+1}(\cos\theta)^{n-1}d\theta$

④ $-\dfrac{n-1}{m+n}\int_0^{\frac{\pi}{2}}(\sin\theta)^m(\cos\theta)^{n-2}d\theta$　　⑤ $-\dfrac{n+1}{m+n}\int_0^{\frac{\pi}{2}}(\sin\theta)^m(\cos\theta)^{n-1}d\theta$

(3)　したがって，

$$I=\frac{\boxed{\mathsf{T}}}{\boxed{\mathsf{UV}}}$$

である。

－ 計算欄 (memo) －

IV の問題はこれで終わりです。IV の解答欄 **W** ～ **Z** はマークしないでください。

コース 2 の問題はこれですべて終わりです。解答用紙の V はマークしないでください。

解答用紙の解答コース欄に「コース 2」が正しくマークしてあるか，
もう一度確かめてください。

この問題冊子を持ち帰ることはできません。

第7回

実戦問題

解答時間 80分

I

問1　a は定数とする。$a \leqq x \leqq a+2$ における2次関数

$$f(x) = x^2 - 10x + a$$

について，最大値と最小値を求めよう。

$f(x)$ のグラフの軸は

$$x = \boxed{\text{A}}$$

であり，区間の中央の値は $a+1$ である。

(1)　$a < \boxed{\text{B}}$ のとき，

最小値は $a^2 - \boxed{\text{C}}\,a - \boxed{\text{DE}}$ であり，

最大値は $a^2 - \boxed{\text{F}}\,a$ である。

(2)　$\boxed{\text{B}} \leqq a < \boxed{\text{G}}$ のとき，

最大値は $a^2 - \boxed{\text{F}}\,a$ であり，

最小値は $a - \boxed{\text{HI}}$ である。

(3)　$\boxed{\text{G}} \leqq a < \boxed{\text{J}}$ のとき，

最大値は $a^2 - \boxed{\text{K}}\,a - \boxed{\text{LM}}$ であり，

最小値は $a - \boxed{\text{HI}}$ である。

(4)　$a \geqq \boxed{\text{J}}$ のとき，

最大値は $a^2 - \boxed{\text{K}}\,a - \boxed{\text{LM}}$ であり，

最小値は $a^2 - \boxed{\text{N}}\,a$ である。

注）2次関数：Quadratic Function，区間：Interval

－計算欄 (memo)－

問2　「1」と書いてあるカード3枚，「2」のカード2枚，「3」のカード1枚が入っている袋を3つ用意し，3人にそれぞれ1つだけを配る。3人は，自分の袋からカードを1つのみ取り出すことを考える。

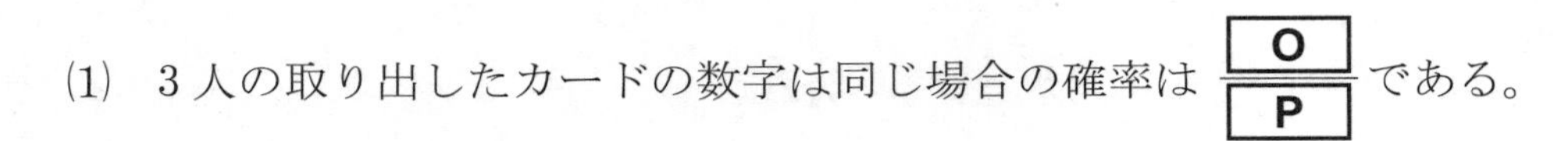

(1)　3人の取り出したカードの数字は同じ場合の確率は $\dfrac{\boxed{\text{O}}}{\boxed{\text{P}}}$ である。

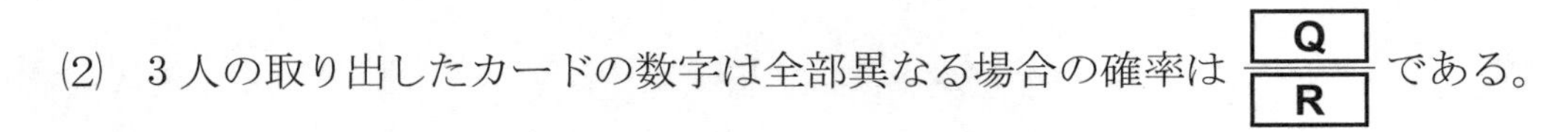

(2)　3人の取り出したカードの数字は全部異なる場合の確率は $\dfrac{\boxed{\text{Q}}}{\boxed{\text{R}}}$ である。

(3)　3人の取り出したカードの数字の和が6となる場合の確率は $\dfrac{\boxed{\text{ST}}}{\boxed{\text{UV}}}$ である。

(4)　3人の取り出したカードの数字の和が7以上となる場合の確率は $\dfrac{\boxed{\text{W}}}{\boxed{\text{XY}}}$ である。

注）確率：Probability

－ 計算欄 (memo) －

Ⅰ の問題はこれで終わりです。Ⅰ の解答欄 **Z** はマークしないでください。

II

三角形ABCにおいて，ABを1：2に内分する点をE，ACを1：1に内分する点をDとする。直線BDとCEとの交点をP，APを延長して，BCとの交点をQとする。$\overrightarrow{AB}=\vec{x}$, $\overrightarrow{AC}=\vec{y}$とおくと，

$$\overrightarrow{EC}=-\frac{1}{\boxed{A}}\vec{x}+\vec{y},\ \overrightarrow{DB}=\vec{x}-\frac{1}{\boxed{B}}\vec{y}$$

である。

(1)　点Pは直線BD上にあるから，実数sを用いて，$\overrightarrow{DP}=s\cdot\overrightarrow{DB}$と表される。また,点Pは直線EC上にあるから,実数tを用いて,$\overrightarrow{EP}=t\cdot\overrightarrow{EC}$と表される。よって，

$$\overrightarrow{AP}=\frac{1}{\boxed{C}}(\boxed{D}-t)\vec{x}+t\cdot\vec{y}=s\cdot\vec{x}+\frac{1}{\boxed{E}}(\boxed{F}-s)\vec{y}$$

と表すことができる。したがって，

$$s=\frac{\boxed{G}}{\boxed{H}},t=\frac{\boxed{I}}{\boxed{J}}$$

である。

(2)　AB＝4, AC＝3, AP⊥BCのとき，

$$\cos\angle BAC=\frac{1}{\boxed{K}}$$

であり，

$$|\overrightarrow{AP}|:|\overrightarrow{AQ}|=\boxed{L}:\boxed{M}$$

である。

－計算欄 (memo)－

Ⅱ の問題はこれで終わりです。 Ⅱ の解答欄 N ～ Z はマークしないでください。

z は$|z|=1$を満たす複素数とする。z に関する関数

$$f(z)=2(z^2+z^{-2})+3(z+z^{-1})$$

を考える。

この関数が極値を調べるために，$z=\cos\theta+i\sin\theta$とおく。ド・モアブルの定理によると，

$$z^{-2}=\cos\boxed{\text{A}}\theta-i\sin\boxed{\text{A}}\theta$$

を得る。

また，$z+z^{-1}=\boxed{\text{B}}\cos\theta$ である。$z+z^{-1}=t$をとく。$f(z)$ を t に関する $f(t)$ に変形できる。ここで，t の取り得る値の範囲は $[\boxed{\text{CD}},\boxed{\text{E}}]$ である。

$$f(t)=\boxed{\text{F}}t^2+\boxed{\text{G}}t-\boxed{\text{H}}$$

したがって，$f(z)$の最大値は$\boxed{\text{IJ}}$であり，最小値は $-\dfrac{\boxed{\text{KL}}}{\boxed{\text{M}}}$ である。

注）複素数：Complex Number，ド・モアブルの定理：De Moivre's Theorem

－ 計算欄 (memo) －

III の問題はこれで終わりです。III の解答欄 N ～ Z はマークしないでください。

問1　a を実数とし，方程式

$$e^{|\sqrt{3}\sin x+\cos x|}=a \quad (-\pi \leqq x \leqq \pi)$$

の解の個数 N を調べよう。

(1)　$\sqrt{3}\sin x+\cos x=\boxed{\text{A}}\sin\left(x+\dfrac{\pi}{\boxed{\text{B}}}\right)$ である。

ただし，$\boxed{\text{A}}>0,\ 0<\dfrac{\pi}{\boxed{\text{B}}}<\pi$ とする。

(2)　関数 $f(x)=e^{|\sqrt{3}\sin x+\cos x|}$ は

$x=\dfrac{\boxed{\text{CD}}}{\boxed{\text{E}}}\pi$ と $\dfrac{\boxed{\text{F}}}{\boxed{\text{G}}}\pi$ のとき，最大値 $e^{\boxed{\text{H}}}$ をとり，

$x=\dfrac{\boxed{\text{IJ}}}{\boxed{\text{K}}}\pi$ と $\dfrac{\boxed{\text{L}}}{\boxed{\text{M}}}\pi$ のとき，最小値 $\boxed{\text{N}}$ をとる。

(3)　(2)により，また方程式 $e^{|\sqrt{3}\sin x+\cos x|}=a$ の解をもつとき，解の個数 N は

$$\boxed{\text{O}}\leqq N\leqq\boxed{\text{P}},\ N\neq 3$$

である。

注）実数：Real Number

－ 計算欄 (memo) －

問 2　$x \geqq 0$，不定積分

$$\int \frac{2x^3-6x^2+25x-21}{x^2-2x+10}dx = f(x)+C$$

を考えよう。ただし，C は積分定数である。

(1)　$\dfrac{2x^3-6x^2+25x-21}{x^2-2x+10} = 2x-$ **Q** $+\dfrac{x-\boxed{\text{R}}}{x^2-2x+10}$ である。

(2)　(1)の結果を用いて，$f(x)=$ **S** を得る。ただし，**S** には，下の ⓪ ～ ⑦ の中から適する式を選びなさい。

⓪　$x^2-2x+\log(x^2-2x+10)$　　①　$x^2-x+\log(x^2-2x+10)$

②　$x^2-2x+\frac{1}{2}\log(x^2-2x+10)$　　③　$x^2-x+\frac{1}{2}\log(x^2-2x+10)$

④　$x^2-2x-\log(x^2-2x+10)$　　⑤　$x^2-x-\log(x^2-2x+10)$

⑥　$x^2-2x-\frac{1}{2}\log(x^2-2x+10)$　　⑦　$x^2-x-\frac{1}{2}\log(x^2-2x+10)$

(3)　(2)で選ばれた $f(x)$ に対して $x=$ **T** のとき，$f(x)$ の最小値は

$$\log \boxed{\text{U}} - \boxed{\text{V}}$$

である。また，$x \geqq 0$ において $f(x)=15+\log 5$ の解は **W** 個がある。

－ 計算欄 (memo) －

IV の問題はこれで終わりです。IV の解答欄 X ～ Z はマークしないでください。
コース 2 の問題はこれですべて終わりです。解答用紙の V はマークしないでください。

解答用紙の解答コース欄に「コース 2」が正しくマークしてあるか，
もう一度確かめてください。

この問題冊子を持ち帰ることはできません。

第8回

実戦問題

解答時間 80分

問1　2次関数

$$l: y = f(x) = x^2 + (2k+2)x + k^2$$

を考える。$f(x)$ の頂点は

$$\left(\boxed{\mathbf{A}}\,k - \boxed{\mathbf{B}},\ \boxed{\mathbf{CD}}\,k - \boxed{\mathbf{E}}\right)$$

であるので，頂点は，1次関数

$$m: y = g(x) = \boxed{\mathbf{F}}\,x + \boxed{\mathbf{G}}$$

上にある。l, m の $x=3$ での点をそれぞれ P, Q と置くと，

$$\mathrm{P} = (3,\ f(3)) = \left(3,\ k^2 + \boxed{\mathbf{H}}\,k + \boxed{\mathbf{IJ}}\right)$$
$$\mathrm{Q} = (3,\ g(3)) = \left(3,\ \boxed{\mathbf{K}}\right)$$

である。垂直線 PQ の長さ $|\mathrm{PQ}|$ は

$$|\mathrm{PQ}| = \left|k^2 + \boxed{\mathbf{L}}\,k + \boxed{\mathbf{M}}\right| = \left|\left(k + \boxed{\mathbf{N}}\right)\left(k + \boxed{\mathbf{O}}\right)\right|$$

であり，PQ は一点となるときに，

$$k = -\boxed{\mathbf{N}}\ \text{または}\ -\boxed{\mathbf{O}}$$

である。ただし，$\boxed{\mathbf{N}} < \boxed{\mathbf{O}}$ となるように答えなさい。

注）2次関数：Quadratic Function

－計算欄 (memo)－

問2　いま，サイコロが3つある。その中の2つは普通のサイコロで（1, 2番のサイコロとする），もう1つは「1, 2, 3, 4, 5」5つの目しか出せないとする（5つの目の出る確率は同じであり，このサイコロを3番とする）。

3つのサイコロを1, 2, 3という順番で振って，出た数字を(a, b, c)と記録する。以下の確率を求めよう。

$$P_{(a,\, b=3,\, c\geqq 3)} = \frac{1}{\boxed{\text{PQ}}}$$

$$P_{(1個のみが6)} = \frac{\boxed{\text{R}}}{\boxed{\text{ST}}}$$

$$P_{(a+b+c\geqq 12)} = \frac{\boxed{\text{UV}}}{\boxed{\text{WX}}}$$

注）サイコロ：Dice，確率：Probability

－ 計算欄 (memo) －

I の問題はこれで終わりです。 I の解答欄 **Y** ～ **Z** はマークしないでください。

II

問1　方程式 $\sqrt{2}(x-y)=(x+y)^2$ で表される曲線Aについて，曲線Aを原点Oを中心として，$\frac{\pi}{4}$ だけ回転させてできる曲線の方程式を求めよう。

(1)　曲線A上の点 (X, Y) を原点を中心として，$\frac{\pi}{4}$ だけ回転した点の座標を (x, y) とする。複素数平面上で $\mathrm{P}(\mathrm{X}+\mathrm{Y}i)$，$\mathrm{Q}(x+yi)$ とする。点Qを原点を中心として $-\frac{\pi}{4}$ だけ回転した点をPとすると，

$$X=\frac{1}{\sqrt{\boxed{\text{A}}}}(x+y) \quad \cdots\cdots\cdots \quad ①$$

$$Y=\frac{1}{\sqrt{\boxed{\text{A}}}}(y-x) \quad \cdots\cdots\cdots \quad ②$$

である。曲線Aの方程式に代入すると，

$$x=\boxed{\text{B}}$$

である。$\boxed{\text{B}}$ に当てはまるものを，次の ⓪ ～ ③ のうちから一つ選びなさい。

⓪　$2y^2$　　　①　y^2　　　②　$\sqrt{2}\,y^2$　　　③　$4y^2$

(2)　曲線Aと直線 $x=\sqrt{2}$ で囲まれる図形の面積を求めよう。
①を $X=\sqrt{2}$ に代入して整理すると，

$$x=-y+\boxed{\text{C}}$$

であり，直線 $x=-y+\boxed{\text{C}}$ と曲線 $x=\boxed{\text{B}}$ の交点の y 座標は，

$$y=\boxed{\text{DE}},\ \boxed{\text{F}}$$

である。
よって，求める面積は $\dfrac{\boxed{\text{G}}}{\boxed{\text{H}}}$ である。

- 計算欄 (memo) -

問 2　座標空間内の 2 点 A$(0, 6, 0)$, B$(0, -6, 0)$ を直径の両端とする球面を S とし，点 P(x, y, z) が球面 S 上を動くとき，$3x+4y+5z$ の最大値を求めよう。

球面 S の方程式は

$$x^2+y^2+z^2=\boxed{\text{IJ}}$$

である。また，Q$(3, 4, 5)$ とすると，$\overrightarrow{\mathrm{OP}}\cdot\overrightarrow{\mathrm{OQ}}=3x+4y+5z$，$\overrightarrow{\mathrm{OP}}$ と $\overrightarrow{\mathrm{OQ}}$ のなす角を θ とすると，

$$\overrightarrow{\mathrm{OP}}\cdot\overrightarrow{\mathrm{OQ}}=|\overrightarrow{\mathrm{OP}}||\overrightarrow{\mathrm{OQ}}|\cos\theta=\boxed{\text{KL}}\sqrt{\boxed{\text{M}}}\cos\theta$$

を得る。ここで，

$$\boxed{\text{NO}}\leqq\cos\theta\leqq\boxed{\text{P}}$$

である。

$\theta=\boxed{\text{Q}}$ の場合，$\overrightarrow{\mathrm{OP}}\cdot\overrightarrow{\mathrm{OQ}}$ が最大値とれる。このとき $\overrightarrow{\mathrm{OP}}$ を $k\overrightarrow{\mathrm{OQ}}$ で表される。ゆえに，$k=\dfrac{\boxed{\text{R}}\sqrt{\boxed{\text{S}}}}{\boxed{\text{T}}}$ であり，$3x+4y+5z$ 最大値は $\boxed{\text{UV}}\sqrt{\boxed{\text{W}}}$ である。

- 計算欄 (memo) -

Ⅱ の問題はこれで終わりです。Ⅱ の解答欄 **X** ～ **Z** はマークしないでください。

III

関数 $f(x)=e^{-x}\sin x\,(x>0)$ について，$f(x)$ が極大値をとる x の値を小さい順に $x_1, x_2, \cdots$ をとる。

$$f'(x)=-\sqrt{\boxed{\text{A}}}\,e^{-x}\sin\left(x-\frac{\boxed{\text{B}}}{\boxed{\text{C}}}\pi\right)$$

$$f''(x)=-\boxed{\text{D}}\,e^{-x}\cos x$$

である。$f'(x)=0$ とすると，$x>0$ であるから，

$$x=\frac{\boxed{\text{E}}}{\boxed{\text{F}}}\pi+k\pi\,(k=0,\ 1,\ \cdots)$$

を得る。

以下では, n は自然数とする。$\boxed{\text{G}}$ ～ $\boxed{\text{N}}$ に当てはまるものを，次の ⓪ ～ ⑨ のうちから一つずつ選びなさい。ただし，同じものを繰り返して選んでもよい。

$$k=\boxed{\text{G}}\text{ のとき}, \cos\left(\frac{\pi}{4}+k\pi\right)<0$$

$$k=\boxed{\text{H}}\text{ のとき}, \cos\left(\frac{\pi}{4}+k\pi\right)>0$$

である。ゆえに, $k=\boxed{\text{H}}$ のとき，極大値をとるから，

$$f(x_n)=\frac{1}{\boxed{\text{I}}}e^{\boxed{\text{J}}}\left(e^{\boxed{\text{K}}}\right)^{\boxed{\text{L}}}$$

である。ただし, $\boxed{\text{L}}<\boxed{\text{K}}$ とし，ゆえに，

$$\sum_{n=1}^{\infty}f(x_n)=\frac{e^{\boxed{\text{M}}}}{\boxed{\text{I}}\,(1-e^{\boxed{\text{N}}})}$$

が得られる。

⓪ $2n-1$　① $n-1$　② n　③ $2(n-1)$

④ $\sqrt{2}$　⑤ $-\frac{\pi}{4}$　⑥ $\frac{\pi}{4}$　⑦ $\frac{5}{4}\pi$

⑧ -2π　⑨ 2π

－ 計算欄 (memo) －

III の問題はこれで終わりです。III の解答欄 O ～ Z はマークしないでください。

2 つの関数

$$y = f(x) = |\cos x|$$
$$y = g(x) = -|\sin 2x|$$

で囲まれた $x = 0$ から $x = k\,(k > 0)$ までの面積を求めよう。

まず，$x = 0$ から $x = \dfrac{\pi}{2}$ までの面積を S_1 を求めると，

$$\mathrm{S}_1 = \int_0^{\frac{\pi}{2}} (\cos x + \sin 2x)\,dx = \boxed{\text{A}}$$

を得る。

(1)　$\left(\dfrac{\boxed{\text{B}}}{\boxed{\text{C}}} + m\right)\pi \leqq k \leqq (1+m)\pi$ のとき（ただし，m は負ではない整数）

$a = k - \left(\dfrac{\boxed{\text{B}}}{\boxed{\text{C}}} + m\right)\pi$ とおくと，

$$\boxed{\text{D}} \leqq a \leqq \frac{\boxed{\text{E}}}{\boxed{\text{F}}}\pi$$

$$\mathrm{S}(k) = \boxed{\text{G}}\,m + \boxed{\text{H}} + \int_{\frac{\pi}{2}}^{a+\frac{\pi}{2}} \{f(x) - g(x)\}\,dx$$
$$= \boxed{\text{G}}\,m + \frac{\boxed{\text{I}}}{\boxed{\text{J}}} - \cos a - \frac{\boxed{\text{K}}}{\boxed{\text{L}}}\cos\boxed{\text{M}}\,a$$

が得られる。

(2)　$n\pi \leqq k \leqq \left(\dfrac{\boxed{\text{B}}}{\boxed{\text{C}}} + n\right)\pi$ のとき（ただし，n は負ではない整数）

$\beta = k - n\pi$ とおくと，

$$\boxed{\text{D}} \leqq \beta \leqq \frac{\boxed{\text{E}}}{\boxed{\text{F}}}\pi$$

$$\mathrm{S}(k) = \boxed{\text{N}}\,n + \frac{\boxed{\text{O}}}{\boxed{\text{P}}} + \sin\beta - \frac{\boxed{\text{Q}}}{\boxed{\text{R}}}\cos\boxed{\text{S}}\,\beta$$

が得られる。

－ 計算欄 (memo) －

IV の問題はこれで終わりです。IV の解答欄 T ～ Z はマークしないでください。

コース 2 の問題はこれですべて終わりです。解答用紙の V はマークしないでください。

解答用紙の解答コース欄に「コース 2」が正しくマークしてあるか，
もう一度確かめてください。

この問題冊子を持ち帰ることはできません。

第9回

実戦問題

解答時間 80分

I

問 1 実数 a に対して，2 次不等式

$$4x^2-6x+3a+7 \leqq 0$$

を満たす整数 x の個数を N とする。まず，

$$f(x)=4x^2-6x+3a+7$$

を置くことで，対称軸は

$$x=\frac{\boxed{A}}{\boxed{B}}$$

であるとわかる。

(1) N=0 であるとき，対称軸に最も近い整数は

$$x=\boxed{C}$$

である。よって，N=0 であるための条件は

$$a>\frac{\boxed{DE}}{\boxed{F}}$$

である。

(2) N=1 であるとき，

$$x=\boxed{C}$$

であることにより，

$$\frac{\boxed{GH}}{\boxed{I}}<a \leqq \frac{\boxed{JK}}{\boxed{L}}$$

が得られる。

注）実数：Real Number，対称軸：Line Symmetry

－計算欄 (memo)－

問 2　袋 A, B, C があり，それぞれに 3 枚のカードが入っている。各袋のカードには，1 から 3 までの数字が付けられている。袋 A, B, C からカードを 1 枚ずつ取り出し，出た数をそれぞれ a, b, c とする。

(1)　a, b, c の最大の数が 2 以下である場合は **M** 通りあり，最大の数が 3 である場合は **NO** 通りある。

(2)　a, b, c について，$a < b < c$ となる場合は **P** 通りある。

(3)　出た数字 a, b, c によって，次のように点数を計算する。

$a \leqq b \leqq c$ のときは，$(c - a + 1)$ 点

他の場合，　　　　0 点

点数が 1 点となる確率は $\dfrac{\boxed{\mathbf{Q}}}{\boxed{\mathbf{R}}}$ であり，得点が 3 点となる確率は $\dfrac{\boxed{\mathbf{S}}}{\boxed{\mathbf{T}}}$ である。

注）確率：Probability

－ 計算欄 (memo) －

I の問題はこれで終わりです。 I の解答欄 U ～ Z はマークしないでください。

次の文中の $\boxed{\text{E}}$, $\boxed{\text{H}}$, $\boxed{\text{I}}$, $\boxed{\text{M}}$, $\boxed{\text{P}}$ 下の選択肢 ⓪ ～ ④ の中から適するものを選びなさい。

数列$\{a_n\}$について，1 項目から n 項目までの和をS_nとする。$S_n = 4 - a_n$ を満たす（n は自然数である）。数列 $\{b_n\}$ は $b_1 = 1$, $2b_{n+1} - b_n = a_{n+1}$ と定める。数列 $\{b_n\}$ の一般項を求めよう。

$S_n = 4 - a_n$ より，

$$a_1 = \boxed{\text{A}},\ \boxed{\text{B}}\,a_{n+1} = a_n$$

であり，

$$a_n = \left(\frac{\boxed{\text{C}}}{\boxed{\text{D}}}\right)^{\boxed{\text{E}}}$$

になる。

ここで $2b_{n+1} - b_n = a_{n+1}$ と定めるから，この式の両辺に 2^n を掛けると，

$$\frac{b_{n+1}}{\left(\frac{\boxed{\text{F}}}{\boxed{\text{G}}}\right)^{\boxed{\text{H}}}} = \frac{b_n}{\left(\frac{\boxed{\text{F}}}{\boxed{\text{G}}}\right)^{\boxed{\text{I}}}} + \boxed{\text{J}}$$

に変形できる。ここで，数列 $\{C_n\}$ を $C_n = \dfrac{b_n}{\left(\frac{\boxed{\text{F}}}{\boxed{\text{G}}}\right)^{\boxed{\text{I}}}}$ と定めると，

数列 $\{C_n\}$ は初項 $\boxed{\text{K}}$ であり，公差 $\boxed{\text{L}}$ の等差数列である。

したがって，

$$b_n = \boxed{\text{M}}\left(\frac{\boxed{\text{N}}}{\boxed{\text{O}}}\right)^{\boxed{\text{P}}}$$

である。

⓪ $n-2$　　① $n-1$　　② n　　③ $n+1$　　④ $n+2$

注）数列：Number Sequence，公差：Tolerance，等差数列：Arithmetic Progression

－計算欄 (memo)－

Ⅱ の問題はこれで終わりです。 Ⅱ の解答欄 **Q** ～ **Z** はマークしないでください。

次の文中の $\boxed{\mathrm{C}}$ には，下の選択肢 ⓪ ～ ② の中から適するものを選びなさい。

(1)　$z=\sqrt{3}-i$のとき，$\left|z+\dfrac{2}{\bar{z}}\right|$の値を求めよう。

$|z|=\boxed{\mathrm{A}}$ であり，$|z|^{\boxed{\mathrm{B}}}=\boxed{\mathrm{C}}$ によると，

⓪　z^2　　　①　$\bar{z}^2$　　　②　$z\bar{z}$

したがって，

$$\left|z+\frac{2}{\bar{z}}\right|=\left|\frac{\boxed{\mathrm{D}}}{\boxed{\mathrm{E}}}z\right|=\boxed{\mathrm{F}}$$

がわかる。

(2)　zは複素数であり，式$|2z+i|=|2-iz|$に満たせるとき，$|z|$を求めよう。
$|2z+i|=|2-iz|$を$|z|^{\boxed{\mathrm{B}}}=\boxed{\mathrm{C}}$を用いて展開すると，式

$$\boxed{\mathrm{G}}\,z\bar{z}-3=0$$

が得られるから，

$$|z|=\boxed{\mathrm{H}}$$

である。

注）複素数：Complex Number

－ 計算欄 (memo) －

III の問題はこれで終わりです。III の解答欄 I ～ Z はマークしないでください。

問 1　関数 $f(x)=x^4-\dfrac{7}{2}x^2+4x$ と $y=x+a$ について考える。直線 $y=x+a$ と曲線 $y=f(x)$ が 3 つの共通点がある場合，a の値を求めよう。ただし，a は定数とする。関数 $g(x)$ を $g(x)=f(x)-x$ で定める。関数 $g(x)$ の導関数は

$$g'(x)=\left(x-\boxed{\text{A}}\right)\left(\boxed{\text{B}}\,x-\boxed{\text{C}}\right)\left(\boxed{\text{D}}\,x+\boxed{\text{E}}\right)$$

となる。

次の文中 $\boxed{\text{J}}$，$\boxed{\text{M}}$ には，次の選択肢の ⓪，① のどちらか適するものを選び，他の空欄には適する数を入れなさい。

⓪　極小値　　　①　極大値

関数 $g(x)$ は $x=\dfrac{\boxed{\text{FG}}}{\boxed{\text{H}}}$ と $x=\boxed{\text{I}}$ で $\boxed{\text{J}}$ をとる。

また，$x=\dfrac{\boxed{\text{K}}}{\boxed{\text{L}}}$ で $\boxed{\text{M}}$ をとる。

したがって，直線 $y=x+a$ と曲線 $y=f(x)$ が 3 つの共通点がある場合，a の値は $a=\dfrac{\boxed{\text{N}}}{\boxed{\text{O}}}$ または $a=\dfrac{\boxed{\text{PQ}}}{\boxed{\text{RS}}}$ である。

注）定数：Constant，導関数：Derived Function

- 計算欄 (memo) -

問 2　曲線 C：

$$y=\log(ax)$$

に原点から接線 l を引く。曲線 C と接線 l および x 軸囲まれた図形を T とする。ただし，a は正の定数とする。

接線 l の方程式は **T** である。その接点の x 座標は **U** である。ただし，**U**，**T** には，次の選択肢 ⓪ ～ ⑦ の中から適するものを選びなさい。

⓪　$y=\dfrac{1}{ae}x$　　①　$y=ae\cdot x$　　②　$y=\dfrac{a}{e}x$　　③　$y=\dfrac{e}{a}x$

④　1　　⑤　e　　⑥　$\dfrac{e}{a}$　　⑦　$\dfrac{a}{e}$

したがって，図形 T の面積 $S_1=\dfrac{1}{a}\left(\dfrac{e}{\boxed{\text{V}}}-\boxed{\text{W}}\right)$，接線 l と直線 $x=\boxed{\text{U}}$

および x 軸で囲まれた図形の面積は $S_2=\dfrac{e}{\boxed{\text{X}}\,a}$ であることにより

$$\frac{S_1}{S_2}=\frac{e-\boxed{\text{Y}}}{e}$$

が得られる。

注）接線：Tangent

－ 計算欄 (memo) －

IV の問題はこれで終わりです。IV の解答欄 Z はマークしないでください。
コース 2 の問題はこれですべて終わりです。解答用紙の V はマークしないでください。

解答用紙の解答コース欄に「コース 2」が正しくマークしてあるか，
もう一度確かめてください。

この問題冊子を持ち帰ることはできません。

第10回

実戦問題

解答時間 80分

問 1　方程式

$$|x+3|+|x-2|=-x^2+23 \qquad \cdots\cdots\cdots \quad ①$$

を考える。

方程式 ① は，絶対値の記号を使わないで表すと，

$$x < \boxed{\text{AB}} \text{ のとき，} \qquad x^2-2x-\boxed{\text{CD}}=0$$

$$\boxed{\text{AB}} \leqq x \leqq \boxed{\text{E}} \text{ のとき，} \qquad x^2-18=0$$

$$x > \boxed{\text{E}} \text{ のとき，} \qquad x^2+2x-\boxed{\text{FG}}=0$$

となるため，方程式 ① の解は

$$x=\boxed{\text{HI}},\ -\boxed{\text{J}}+\sqrt{\boxed{\text{KL}}}$$

である。

注）絶対値：Absolute Value

－計算欄 (memo)－

問 2　袋の中に，0, 1, 2, 3, 4, 5, 6 と番号がつけられた同じ大きさの 7 個の球が入っている。この袋の中から 3 個の球を同時に取り出して，出た数の組合せについて考える。

(1)　この組合せは全部 **MN** 通りある。このうち，連続する 2 つの数を含まないような組合せは **OP** 通りある。

(2)　出た数の組合せにより，次のように得点を与えるゲームを考える。出た数の中に 0 が含まれる場合の得点は 0 とする。その他の場合は，出た数のうち最大のものを得点とする。

i）　得点が 0 点となる確率は $\frac{\boxed{\mathrm{Q}}}{7}$ である。

ii）　得点が 4 点となる確率は $\frac{\boxed{\mathrm{R}}}{\boxed{\mathrm{ST}}}$ であり, 5 点となる確率は $\frac{\boxed{\mathrm{U}}}{\boxed{\mathrm{ST}}}$ である。

iii)　このゲームを 2 回続けて行う。ただし，1 回目のゲームで取り出した球を袋に戻してから 2 回目を行う。このとき，1 回目と 2 回目の得点の和が 11 点以上となる確率は $\frac{\boxed{\mathrm{VW}}}{\boxed{\mathrm{XYZ}}}$ である。

注）確率：Probability

－ 計算欄 (memo) －

I の問題はこれで終わりです。

平面上の3つのベクトル$\vec{a},\vec{b},\vec{c}$ は $|\vec{a}|=2|\vec{b}|=|\vec{c}|=|\vec{a}+2\vec{b}|=1$ を満たし，$\vec{c}$ は$\vec{a}$に垂直で，$\vec{b}\cdot\vec{c}>0$ とする。

(1)　$\vec{a}$と$\vec{b}$の内積は $\vec{a}\cdot\vec{b}=-\dfrac{\boxed{\text{A}}}{\boxed{\text{B}}}$ である。また，$|\vec{a}+\vec{b}|=\dfrac{\sqrt{\boxed{\text{C}}}}{\boxed{\text{D}}}$ ，$\vec{a}+\vec{b}$ と$\vec{b}$なす角は$\boxed{\text{EF}}^\circ$である。

(2)　ベクトル$\vec{c}$を$\vec{a}$と$\vec{b}$で表すと，$\vec{c}=\dfrac{\sqrt{\boxed{\text{G}}}}{3}\vec{a}+\dfrac{\boxed{\text{H}}\sqrt{\boxed{\text{I}}}}{3}\vec{b}$ である。

(3)　x と y を実数とする。ベクトル$\vec{p}=x\vec{a}+y\vec{c}$ が $0\leqq\vec{p}\cdot\vec{a}\leqq1,\ 0\leqq\vec{p}\cdot\vec{b}\leqq\dfrac{1}{4}$ を満たすための必要十分条件は

$$\boxed{\text{J}}\leqq x\leqq\boxed{\text{K}},\ x\leqq\sqrt{\boxed{\text{L}}}\,y\leqq x+\boxed{\text{M}}$$

である。x と y が上の範囲を動くとき，$\vec{p}\cdot\vec{c}$ は最大値 $\dfrac{\boxed{\text{N}}\sqrt{\boxed{\text{O}}}}{\boxed{\text{P}}}$ をとり，

この最大値をとるときの$\vec{p}$を$\vec{a}$と$\vec{b}$で表すと，

$$\vec{p}=\frac{\boxed{\text{Q}}}{3}\vec{a}+\frac{\boxed{\text{R}}}{3}\vec{b}$$

である。

注）ベクトル：Vector，内積：Inner Product

－計算欄 (memo)－

Ⅱ の問題はこれで終わりです。 Ⅱ の解答欄 S ～ Z はマークしないでください。

次の漸化式 ① で表される複素数の数列を考える。

$$z_1 = 1,\ z_{n+1} = \frac{-1+\sqrt{3}i}{2}z_n + \sqrt{3}i(n = 1,\ 2,\ \cdots) \quad \cdots\cdots\cdots \quad ①$$

(1) 漸化式 ① は

$$z_{n+1} - \frac{\boxed{\text{AB}} + \sqrt{\boxed{\text{C}}}\,i}{\boxed{\text{D}}} = \frac{\boxed{\text{EF}} + \sqrt{\boxed{\text{G}}}\,i}{\boxed{\text{H}}}\left(z_n - \frac{\boxed{\text{AB}} + \sqrt{\boxed{\text{C}}}\,i}{\boxed{\text{D}}}\right)$$

と表すことができるため，$\left\{z_n - \frac{\boxed{\text{AB}} + \sqrt{\boxed{\text{C}}}\,i}{\boxed{\text{D}}}\right\}$ は

初項 $\frac{\boxed{\text{I}} - \sqrt{\boxed{\text{J}}}\,i}{\boxed{\text{K}}}$，公比 $\frac{\boxed{\text{EF}} + \sqrt{\boxed{\text{G}}}\,i}{\boxed{\text{H}}}$

の等比数列である。

(2) z_n のすべての値は $\boxed{\text{L}}$, $\boxed{\text{MN}}$, $\frac{\boxed{\text{OP}} + \boxed{\text{Q}}\sqrt{\boxed{\text{R}}}\,i}{\boxed{\text{S}}}$ のいずれである。

注）漸化式：Recurrence Formula，複素数：Complex Number

－ 計算欄 (memo) －

III の問題はこれで終わりです。 III の解答欄 T ～ Z はマークしないでください。

問 1　座標平面上の原点 O を中心とし，半径 3 の円を S とする。円 S 上の 2 点 A，B を $\mathrm{A}(3\cos\theta,\ 3\sin\theta)$, $\mathrm{B}\left(3\cos\left(\theta+\frac{\pi}{2}\right),\ 3\sin\left(\theta+\frac{\pi}{2}\right)\right)$ とする。ただし，$0<\theta<\frac{\pi}{2}$ とする。円 S 上の点 A，B における接線をそれぞれ l，m とし，l，m の交点を C とする。

(1)　線分 OC の長さは $\boxed{\mathrm{A}}\sqrt{\boxed{\mathrm{B}}}$ であり，点 C の座標は

$$\left(\boxed{\mathrm{C}}\sqrt{\boxed{\mathrm{D}}}\cos\left(\theta+\frac{\pi}{\boxed{\mathrm{E}}}\right),\ \boxed{\mathrm{C}}\sqrt{\boxed{\mathrm{D}}}\sin\left(\theta+\frac{\pi}{\boxed{\mathrm{E}}}\right)\right)$$

と表すことができる。

(2)　線分 AC の中点を P とし，直線 l と x 軸の交点を Q とする。点 P の座標は

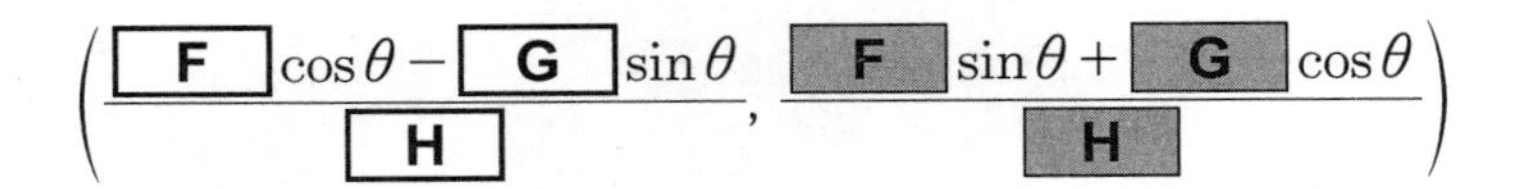

$$\left(\frac{\boxed{\mathrm{F}}\cos\theta-\boxed{\mathrm{G}}\sin\theta}{\boxed{\mathrm{H}}},\ \frac{\boxed{\mathrm{F}}\sin\theta+\boxed{\mathrm{G}}\cos\theta}{\boxed{\mathrm{H}}}\right)$$

と表される。三角形 OAC の面積が三角形 OQA の面積の 2 倍になるとき，

点 P の座標は $\left(\frac{\boxed{\mathrm{I}}}{\boxed{\mathrm{JK}}}\sqrt{\boxed{\mathrm{L}}},\ \frac{\boxed{\mathrm{M}}}{\boxed{\mathrm{N}}}\sqrt{\boxed{\mathrm{O}}}\right)$ である。

－ 計算欄 (memo) －

問 2　関数 $f(x)=\dfrac{1}{x^2+4}$ について考える。

(1)　直線 $y=\dfrac{1}{8}$ と曲線 $y=f(x)$ の交点のうち，x 座標が正であるものを M とする。点 M における $y=f(x)$ の接線の方程式は $y=-\dfrac{1}{\boxed{\text{PQ}}}x+\dfrac{\boxed{\text{R}}}{\boxed{\text{S}}}$ となる。

(2)　直線 $y=\dfrac{1}{8}$ と曲線 $y=f(x)$ で囲まれる面積 S は $S=\dfrac{\pi}{\boxed{\text{T}}}-\dfrac{\boxed{\text{U}}}{\boxed{\text{V}}}$ となる。また，直線 $y=\dfrac{1}{8}$ と曲線 $y=f(x)$ で囲まれた図形を x 軸のまわり 1 回転させてできた回転体の体積 V は $V=\dfrac{\boxed{\text{W}}}{\boxed{\text{XY}}}\pi^{\boxed{\text{Z}}}$ となる。

注）接線：Tangent

－ 計算欄 (memo) －

IV の問題はこれで終わりです。

コース 2 の問題はこれですべて終わりです。解答用紙の V はマークしないでください。

解答用紙の解答コース欄に「コース 2」が正しくマークしてあるか，
もう一度確かめてください。

この問題冊子を持ち帰ることはできません。

Answer Sheet

解答用纸

日本留学試験模擬試験
EJU Simulation Test for International Students

数学 解答用紙 MATHEMATICS ANSWER SHEET

受験番号 Examinee Registration Number	

名前 Name	

⬆ あなたの受験票と同じかどうか確かめてください。 Check that these are the same as your Examination Voucher. ⬆

解答コース Course	
コース1 Course 1	コース2 Course 2
○	○

この解答用紙に解答するコースを、1つ○で囲み、その下のマーク欄をマークしてください。
Circle the name of the course you are taking and fill in the oval under it.

Ⅰ

解答番号	解答欄 Answer										
	-	0	1	2	3	4	5	6	7	8	9
A	⊖	⓪	①	②	③	④	⑤	⑥	⑦	⑧	⑨
B	⊖	⓪	①	②	③	④	⑤	⑥	⑦	⑧	⑨
C	⊖	⓪	①	②	③	④	⑤	⑥	⑦	⑧	⑨
D	⊖	⓪	①	②	③	④	⑤	⑥	⑦	⑧	⑨
E	⊖	⓪	①	②	③	④	⑤	⑥	⑦	⑧	⑨
F	⊖	⓪	①	②	③	④	⑤	⑥	⑦	⑧	⑨
G	⊖	⓪	①	②	③	④	⑤	⑥	⑦	⑧	⑨
H	⊖	⓪	①	②	③	④	⑤	⑥	⑦	⑧	⑨
I	⊖	⓪	①	②	③	④	⑤	⑥	⑦	⑧	⑨
J	⊖	⓪	①	②	③	④	⑤	⑥	⑦	⑧	⑨
K	⊖	⓪	①	②	③	④	⑤	⑥	⑦	⑧	⑨
L	⊖	⓪	①	②	③	④	⑤	⑥	⑦	⑧	⑨
M	⊖	⓪	①	②	③	④	⑤	⑥	⑦	⑧	⑨
N	⊖	⓪	①	②	③	④	⑤	⑥	⑦	⑧	⑨
O	⊖	⓪	①	②	③	④	⑤	⑥	⑦	⑧	⑨
P	⊖	⓪	①	②	③	④	⑤	⑥	⑦	⑧	⑨
Q	⊖	⓪	①	②	③	④	⑤	⑥	⑦	⑧	⑨
R	⊖	⓪	①	②	③	④	⑤	⑥	⑦	⑧	⑨
S	⊖	⓪	①	②	③	④	⑤	⑥	⑦	⑧	⑨
T	⊖	⓪	①	②	③	④	⑤	⑥	⑦	⑧	⑨
U	⊖	⓪	①	②	③	④	⑤	⑥	⑦	⑧	⑨
V	⊖	⓪	①	②	③	④	⑤	⑥	⑦	⑧	⑨
W	⊖	⓪	①	②	③	④	⑤	⑥	⑦	⑧	⑨
X	⊖	⓪	①	②	③	④	⑤	⑥	⑦	⑧	⑨
Y	⊖	⓪	①	②	③	④	⑤	⑥	⑦	⑧	⑨
Z	⊖	⓪	①	②	③	④	⑤	⑥	⑦	⑧	⑨

Ⅱ

解答番号	解答欄 Answer										
	-	0	1	2	3	4	5	6	7	8	9
A	⊖	⓪	①	②	③	④	⑤	⑥	⑦	⑧	⑨
B	⊖	⓪	①	②	③	④	⑤	⑥	⑦	⑧	⑨
C	⊖	⓪	①	②	③	④	⑤	⑥	⑦	⑧	⑨
D	⊖	⓪	①	②	③	④	⑤	⑥	⑦	⑧	⑨
E	⊖	⓪	①	②	③	④	⑤	⑥	⑦	⑧	⑨
F	⊖	⓪	①	②	③	④	⑤	⑥	⑦	⑧	⑨
G	⊖	⓪	①	②	③	④	⑤	⑥	⑦	⑧	⑨
H	⊖	⓪	①	②	③	④	⑤	⑥	⑦	⑧	⑨
I	⊖	⓪	①	②	③	④	⑤	⑥	⑦	⑧	⑨
J	⊖	⓪	①	②	③	④	⑤	⑥	⑦	⑧	⑨
K	⊖	⓪	①	②	③	④	⑤	⑥	⑦	⑧	⑨
L	⊖	⓪	①	②	③	④	⑤	⑥	⑦	⑧	⑨
M	⊖	⓪	①	②	③	④	⑤	⑥	⑦	⑧	⑨
N	⊖	⓪	①	②	③	④	⑤	⑥	⑦	⑧	⑨
O	⊖	⓪	①	②	③	④	⑤	⑥	⑦	⑧	⑨
P	⊖	⓪	①	②	③	④	⑤	⑥	⑦	⑧	⑨
Q	⊖	⓪	①	②	③	④	⑤	⑥	⑦	⑧	⑨
R	⊖	⓪	①	②	③	④	⑤	⑥	⑦	⑧	⑨
S	⊖	⓪	①	②	③	④	⑤	⑥	⑦	⑧	⑨
T	⊖	⓪	①	②	③	④	⑤	⑥	⑦	⑧	⑨
U	⊖	⓪	①	②	③	④	⑤	⑥	⑦	⑧	⑨
V	⊖	⓪	①	②	③	④	⑤	⑥	⑦	⑧	⑨
W	⊖	⓪	①	②	③	④	⑤	⑥	⑦	⑧	⑨
X	⊖	⓪	①	②	③	④	⑤	⑥	⑦	⑧	⑨
Y	⊖	⓪	①	②	③	④	⑤	⑥	⑦	⑧	⑨
Z	⊖	⓪	①	②	③	④	⑤	⑥	⑦	⑧	⑨

【悪い例 Incorrect Example】

解答コース Course	
コース1 Course 1	コース2 Course 2
○	○

解答コース Course	
コース1 Course 1	コース2 Course 2
●	●

注意事項 Note

1. 必ず鉛筆(HB)で記入してください。
2. この解答用紙を汚したり折ったりしてはいけません。
3. マークは下のよい例のように、○わく内を完全にぬりつぶしてください。

   Marking Examples.

よい例 Correct	悪い例 Incorrect
●	⊗ ⦰ ◎ ◉ ○

4. 訂正する場合はプラスチック消しゴムで完全に消し、消しくずを残してはいけません。
5. 解答番号はAからZまでありますが、問題のあるところまで答えて、あとはマークしないでください。
6. 所定の欄以外には何も書いてはいけません。
7. Ⅲ、Ⅳ、Ⅴの解答欄は裏面にあります。
8. この解答用紙はすべて機械で処理しますので、以上の1から7までが守られていないと採点されません。

日本留学試験模擬試験
EJU Simulation Test for International Students

数学　解答用紙　MATHEMATICS ANSWER SHEET

Ⅲ

解答番号	解答欄 Answer										
	-	0	1	2	3	4	5	6	7	8	9
A	⊖	⓪	①	②	③	④	⑤	⑥	⑦	⑧	⑨
B	⊖	⓪	①	②	③	④	⑤	⑥	⑦	⑧	⑨
C	⊖	⓪	①	②	③	④	⑤	⑥	⑦	⑧	⑨
D	⊖	⓪	①	②	③	④	⑤	⑥	⑦	⑧	⑨
E	⊖	⓪	①	②	③	④	⑤	⑥	⑦	⑧	⑨
F	⊖	⓪	①	②	③	④	⑤	⑥	⑦	⑧	⑨
G	⊖	⓪	①	②	③	④	⑤	⑥	⑦	⑧	⑨
H	⊖	⓪	①	②	③	④	⑤	⑥	⑦	⑧	⑨
I	⊖	⓪	①	②	③	④	⑤	⑥	⑦	⑧	⑨
J	⊖	⓪	①	②	③	④	⑤	⑥	⑦	⑧	⑨
K	⊖	⓪	①	②	③	④	⑤	⑥	⑦	⑧	⑨
L	⊖	⓪	①	②	③	④	⑤	⑥	⑦	⑧	⑨
M	⊖	⓪	①	②	③	④	⑤	⑥	⑦	⑧	⑨
N	⊖	⓪	①	②	③	④	⑤	⑥	⑦	⑧	⑨
O	⊖	⓪	①	②	③	④	⑤	⑥	⑦	⑧	⑨
P	⊖	⓪	①	②	③	④	⑤	⑥	⑦	⑧	⑨
Q	⊖	⓪	①	②	③	④	⑤	⑥	⑦	⑧	⑨
R	⊖	⓪	①	②	③	④	⑤	⑥	⑦	⑧	⑨
S	⊖	⓪	①	②	③	④	⑤	⑥	⑦	⑧	⑨
T	⊖	⓪	①	②	③	④	⑤	⑥	⑦	⑧	⑨
U	⊖	⓪	①	②	③	④	⑤	⑥	⑦	⑧	⑨
V	⊖	⓪	①	②	③	④	⑤	⑥	⑦	⑧	⑨
W	⊖	⓪	①	②	③	④	⑤	⑥	⑦	⑧	⑨
X	⊖	⓪	①	②	③	④	⑤	⑥	⑦	⑧	⑨
Y	⊖	⓪	①	②	③	④	⑤	⑥	⑦	⑧	⑨
Z	⊖	⓪	①	②	③	④	⑤	⑥	⑦	⑧	⑨

Ⅳ

解答番号	解答欄 Answer										
	-	0	1	2	3	4	5	6	7	8	9
A	⊖	⓪	①	②	③	④	⑤	⑥	⑦	⑧	⑨
B	⊖	⓪	①	②	③	④	⑤	⑥	⑦	⑧	⑨
C	⊖	⓪	①	②	③	④	⑤	⑥	⑦	⑧	⑨
D	⊖	⓪	①	②	③	④	⑤	⑥	⑦	⑧	⑨
E	⊖	⓪	①	②	③	④	⑤	⑥	⑦	⑧	⑨
F	⊖	⓪	①	②	③	④	⑤	⑥	⑦	⑧	⑨
G	⊖	⓪	①	②	③	④	⑤	⑥	⑦	⑧	⑨
H	⊖	⓪	①	②	③	④	⑤	⑥	⑦	⑧	⑨
I	⊖	⓪	①	②	③	④	⑤	⑥	⑦	⑧	⑨
J	⊖	⓪	①	②	③	④	⑤	⑥	⑦	⑧	⑨
K	⊖	⓪	①	②	③	④	⑤	⑥	⑦	⑧	⑨
L	⊖	⓪	①	②	③	④	⑤	⑥	⑦	⑧	⑨
M	⊖	⓪	①	②	③	④	⑤	⑥	⑦	⑧	⑨
N	⊖	⓪	①	②	③	④	⑤	⑥	⑦	⑧	⑨
O	⊖	⓪	①	②	③	④	⑤	⑥	⑦	⑧	⑨
P	⊖	⓪	①	②	③	④	⑤	⑥	⑦	⑧	⑨
Q	⊖	⓪	①	②	③	④	⑤	⑥	⑦	⑧	⑨
R	⊖	⓪	①	②	③	④	⑤	⑥	⑦	⑧	⑨
S	⊖	⓪	①	②	③	④	⑤	⑥	⑦	⑧	⑨
T	⊖	⓪	①	②	③	④	⑤	⑥	⑦	⑧	⑨
U	⊖	⓪	①	②	③	④	⑤	⑥	⑦	⑧	⑨
V	⊖	⓪	①	②	③	④	⑤	⑥	⑦	⑧	⑨
W	⊖	⓪	①	②	③	④	⑤	⑥	⑦	⑧	⑨
X	⊖	⓪	①	②	③	④	⑤	⑥	⑦	⑧	⑨
Y	⊖	⓪	①	②	③	④	⑤	⑥	⑦	⑧	⑨
Z	⊖	⓪	①	②	③	④	⑤	⑥	⑦	⑧	⑨

Ⅴ

解答番号	解答欄 Answer										
	-	0	1	2	3	4	5	6	7	8	9
A	⊖	⓪	①	②	③	④	⑤	⑥	⑦	⑧	⑨
B	⊖	⓪	①	②	③	④	⑤	⑥	⑦	⑧	⑨
C	⊖	⓪	①	②	③	④	⑤	⑥	⑦	⑧	⑨
D	⊖	⓪	①	②	③	④	⑤	⑥	⑦	⑧	⑨
E	⊖	⓪	①	②	③	④	⑤	⑥	⑦	⑧	⑨
F	⊖	⓪	①	②	③	④	⑤	⑥	⑦	⑧	⑨
G	⊖	⓪	①	②	③	④	⑤	⑥	⑦	⑧	⑨
H	⊖	⓪	①	②	③	④	⑤	⑥	⑦	⑧	⑨
I	⊖	⓪	①	②	③	④	⑤	⑥	⑦	⑧	⑨
J	⊖	⓪	①	②	③	④	⑤	⑥	⑦	⑧	⑨
K	⊖	⓪	①	②	③	④	⑤	⑥	⑦	⑧	⑨
L	⊖	⓪	①	②	③	④	⑤	⑥	⑦	⑧	⑨
M	⊖	⓪	①	②	③	④	⑤	⑥	⑦	⑧	⑨
N	⊖	⓪	①	②	③	④	⑤	⑥	⑦	⑧	⑨
O	⊖	⓪	①	②	③	④	⑤	⑥	⑦	⑧	⑨
P	⊖	⓪	①	②	③	④	⑤	⑥	⑦	⑧	⑨
Q	⊖	⓪	①	②	③	④	⑤	⑥	⑦	⑧	⑨
R	⊖	⓪	①	②	③	④	⑤	⑥	⑦	⑧	⑨
S	⊖	⓪	①	②	③	④	⑤	⑥	⑦	⑧	⑨
T	⊖	⓪	①	②	③	④	⑤	⑥	⑦	⑧	⑨
U	⊖	⓪	①	②	③	④	⑤	⑥	⑦	⑧	⑨
V	⊖	⓪	①	②	③	④	⑤	⑥	⑦	⑧	⑨
W	⊖	⓪	①	②	③	④	⑤	⑥	⑦	⑧	⑨
X	⊖	⓪	①	②	③	④	⑤	⑥	⑦	⑧	⑨
Y	⊖	⓪	①	②	③	④	⑤	⑥	⑦	⑧	⑨
Z	⊖	⓪	①	②	③	④	⑤	⑥	⑦	⑧	⑨

The Correct Answer

正解表

第1回

問 Q.		問題番号 row	正解 A.
I	問1	A	4
		B	2
		C	3
		DEF	423
		G	0
		H	8
	問2	IJ	16
		KLMN	1427
		OPQRS	11108
II		A	2
		B	3
		C	1
		D	1
		EF	13
		GH	23
		IJK	153
		LMN	512

問 Q.		問題番号 row	正解 A.
III	問1	A	4
		B	4
		C	2
		D	1
		EF	12
		G	7
		HI	13
		JK	19
		L	4
		MN	32
	問2	O	2
		P	2
		QR	01
		ST	−3
		U	2
		V	6
		WXY	−12
IV		AB	02
		CD	20
		E	4
		F	6
		G	4
		HI	86

第2回

問 Q.		問題番号 row	正解 A.
I	問1	A	1
		B	4
		C	3
		DE	−5
		F	2
		G	4
		HI	−5
		J	3
		KL	−2
	問2	M	2
		N	1
		O	0
		PQ	27
		RS	15
II	問1	A	3
		B	2
		CDE	211
		FG	34
		HI	12
		J	4
	問2	KL	44
		M	1
		NOPQR	14357
		ST	22
		UV	22

問 Q.		問題番号 row	正解 A.
III		A	2
		B	2
		CD	12
		EF	13
		GH	42
		I	4
		J	2
		K	2
		L	4
		M	8
		N	4
		O	5
IV		AB	−1
		C	0
		D	4
		E	3
		F	4
		G	4
		HIJ	195
		K	1
		L	4
		M	4
		NO	73
		P	2
		Q	4
		R	4
		STU	815
		VWX	203

第3回

問 Q.		問題番号 row	正解 A.
I	問1	A	3
		B	5
		C	9
		DE	24
		FG	16
		HIJKL	−2512
		M	9
		NO	24
		PQ	16
		RS	16
	問2	T	1
		U	3
		V	3
		W	2
II	問1	A	9
		BC	12
		DE	16
		FGH	916
		IJ	34
		KLM	152
		NOP	352
	問2	Q	1
		RS	03
		TU	65
		VW	23
		XY	98

問 Q.		問題番号 row	正解 A.
III		A	3
		BCD	330
		EFGHI	13245
		JKL	132
		MN	−1
		O	0
		PQR	132
IV		A	2
		BC	43
		DE	31
		FG	23
		H	1
		I	0
		JK	42
		L	0
		MN	56
		OPQR	3412
		STUV	2565

第4回

問 Q.		問題番号 row	正解 A.
I	問1	AB	−1
		C	1
		DEF	−14
		G	0
		H	1
		IJ	−1
		KL	22
	問2	MN	64
		OPQ	132
		RST	164
		UVWX	1516
II		A	3
		B	2
		CD	52
		EFG	232
		HI	−−
		JK	32
		LM	30
		NO	21
		P	0
		QR	13
		S	3
		TU	12
		V	1

問 Q.		問題番号 row	正解 A.
III		AB	23
		CD	23
		EF	87
		G	2
		HI	66
IV	問1	AB	−2
		C	2
		DE	02
		F	0
		GH	−2
		I	0
		J	4
		K	3
		L	0
		M	2
	問2	NOP	−12
		Q	2
		RS	43
		T	2
		UV	32

第5回

問 Q.		問題番号 row	正解 A.
I	問1	A	0
		BC	−2
		D	3
	問2	EFG	120
		HIJK	3125
		LMNO	2220
II		A	2
		BCD	−12
		EF	32
		GH	10
		IJ	72
		K	2
		L	6
		MN	32
		OP	52

問 Q.		問題番号 row	正解 A.
III		AB	21
		CDEFG	24121
		H	1
		I	2
		JK	12
		L	2
		MN	32
		O	2
		P	1
		QR	13
		S	2
IV	問1	AB	−1
		CD	−2
		E	1
		F	4
		G	1
		HI	−3
		JK	42
	問2	L	0
		M	2
		NO	12
		PQ	22
		R	4

第 6 回

問 Q.		問題番号 row	正解 A.
I	問1	A	2
		B	5
		C	5
		D	9
		E	8
		F	4
	問2	GHI	128
		JKL	328
		MNOP	1114
II		A	1
		B	4
		CD	12
		E	9
		F	9
		GHI	−13
		JKL	263
		MNO	−79
		PQR	423

問 Q.		問題番号 row	正解 A.
III		AB	12
		C	5
		DEF	−35
		GH	45
		I	2
		JK	−3
IV	問1	AB	32
		C	3
		DEF	−23
		GH	13
		IJK	123
		L	2
		M	3
	問2	NO	01
		P	6
		QR	17
		S	1
		TUV	263

第7回

問 Q.		問題番号 row	正解 A.
I	問1	A	5
		B	3
		C	5
		DE	16
		F	9
		G	4
		HI	25
		J	5
		K	5
		LM	16
		N	9
	問2	OP	16
		QR	16
		STUV	1154
		WXY	754
II		A	3
		B	2
		CD	31
		EF	21
		GH	15
		IJ	25
		K	6
		LM	35

問 Q.		問題番号 row	正解 A.
III		A	2
		B	2
		CDE	−22
		FGH	234
		IJ	10
		KLM	418
IV	問1	A	2
		B	6
		CDE	−23
		FG	13
		H	2
		IJK	−16
		LM	56
		N	1
		OP	25
	問2	Q	2
		R	1
		S	2
		T	1
		UV	31
		W	1

第8回

問 Q.		問題番号 row	正解 A.
I	問1	A	−
		B	1
		CD	−2
		E	1
		F	2
		G	1
		H	6
		IJ	15
		K	7
		L	6
		M	8
		N	2
		O	4
	問2	PQ	60
		RST	518
		UVWX	1136
II	問1	A	2
		B	1
		C	2
		DE	−2
		F	1
		GH	92
	問2	IJ	36
		KLM	302
		NOP	−11
		Q	0
		RST	325
		UVW	302

問 Q.		問題番号 row	正解 A.
III		A	2
		BC	14
		D	2
		EF	14
		G	0
		H	3
		IJKL	4581
		MN	58
IV		A	2
		BC	12
		D	0
		EF	12
		G	4
		H	2
		IJ	72
		KL	12
		M	2
		N	4
		OP	12
		QR	12
		S	2

第9回

問 Q.		問題番号 row	正解 A.
I	問1	AB	34
		C	1
		DEF	−53
		GHI	−73
		JKL	−53
	問2	M	8
		NO	19
		P	1
		QR	19
		ST	19
II		A	2
		B	2
		CD	12
		E	0
		FG	12
		H	3
		I	2
		J	2
		K	2
		L	2
		MNOP	2121

問 Q.		問題番号 row	正解 A.
III		A	2
		B	2
		C	2
		DE	32
		F	3
		G	3
		H	1
IV	問1	ABCDE	12123
		FGH	−32
		I	1
		J	0
		KL	12
		M	1
		NO	12
		PQRS	1116
	問2	T	2
		U	6
		VW	21
		X	2
		Y	2

第 10 回

問 Q.		問題番号 row	正解 A.
I	問1	AB	−3
		CD	24
		E	2
		FG	22
		HI	−4
		J	1
		KL	23
	問2	MN	35
		OP	10
		Q	3
		RST	335
		U	6
		VWXYZ	44245
II		AB	14
		CD	32
		EF	90
		G	3
		H	4
		I	3
		J	0
		K	1
		L	3
		M	1
		NOP	233
		Q	5
		R	8

問 Q.		問題番号 row	正解 A.
III		AB	−1
		C	3
		D	2
		EF	−1
		G	3
		H	2
		I	3
		J	3
		K	2
		L	1
		MN	−2
		OP	−1
		Q	3
		R	3
		S	2
IV	問1	AB	32
		CD	32
		E	4
		F	6
		G	3
		H	2
		IJKL	9105
		MNO	655
	問2	PQ	16
		RS	14
		T	4
		UV	12
		WXY	132
		Z	2

TOKYO

名校志向塾　高田馬場本部

〒169-0075
東京都新宿区高田馬場3-3-3 三優ビル
TEL.03-5332-7836

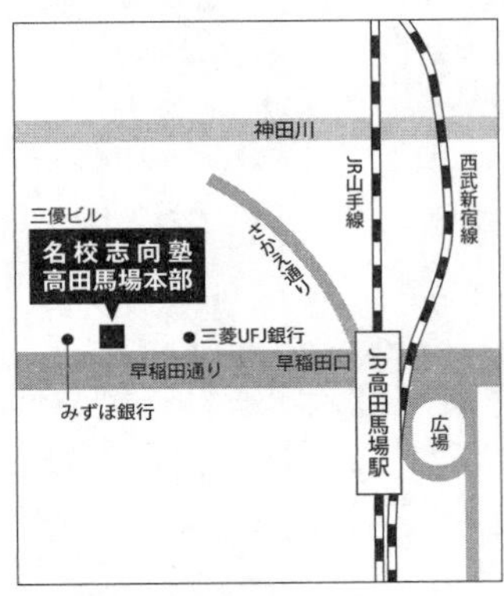

■高田馬場駅早稲田口より徒歩2分

名校志向塾　大久保第2本部

〒169-0074
東京都新宿区北新宿4-4-1
第3山広ビル2F
TEL.03-6279-3708

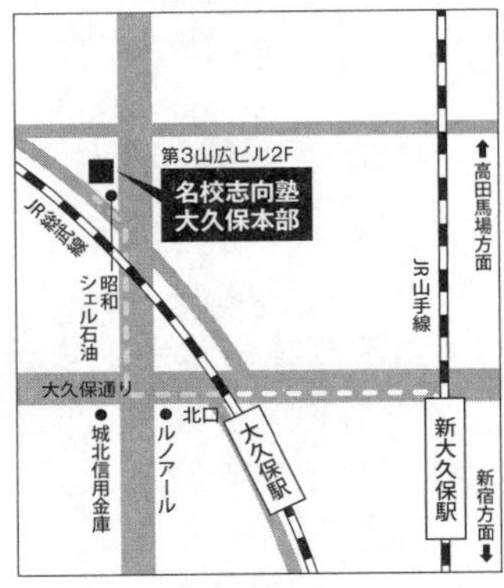

■新大久保駅より徒歩5分
■大久保駅北口より徒歩4分

名 校 教 育　日本語学校
名校志向塾　上野校

〒110-0015
東京都台東区東上野5-15-2 TSSビル
TEL.03-5338-3135

■上野駅より徒歩5分

OSAKA & KYOTO

名校志向塾　大阪旗艦校（難波）

〒556-0016
大阪府大阪市浪速区元町2-3-19
TCAビル8F
TEL.06-6648-8759

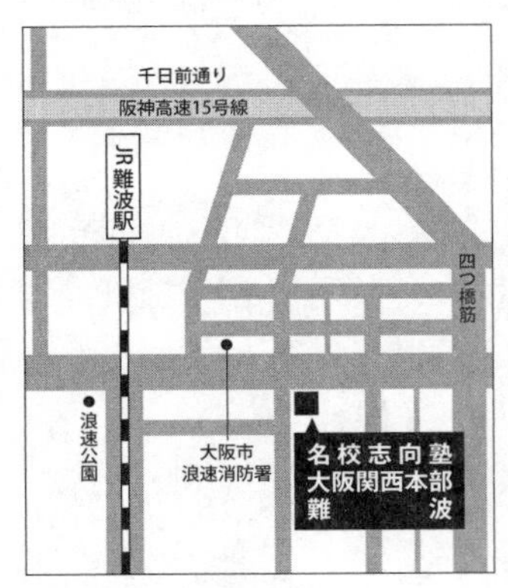

■難波駅より徒歩7分

名校志向塾　大阪梅田校

〒530-0015
大阪府大阪市北区中崎西4-3-32
タカ・大阪梅田ビル501
TEL.080-4421-4555

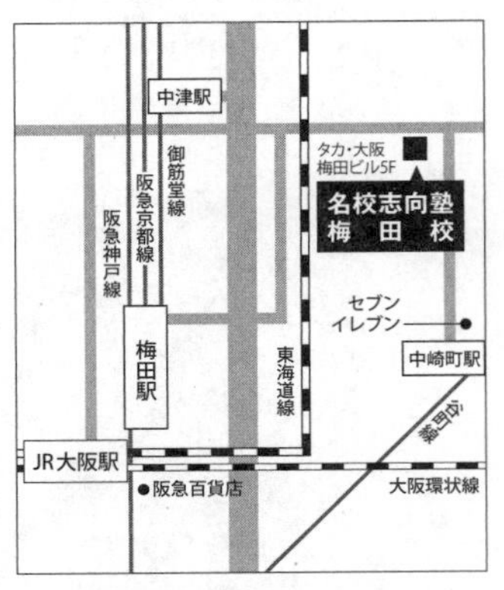

■梅田駅より徒歩6分

名校志向塾　京都校

〒612-8401
京都府京都市伏見区深草下川原町31-1
大和観光開発ビル
TEL.080-9424-6555

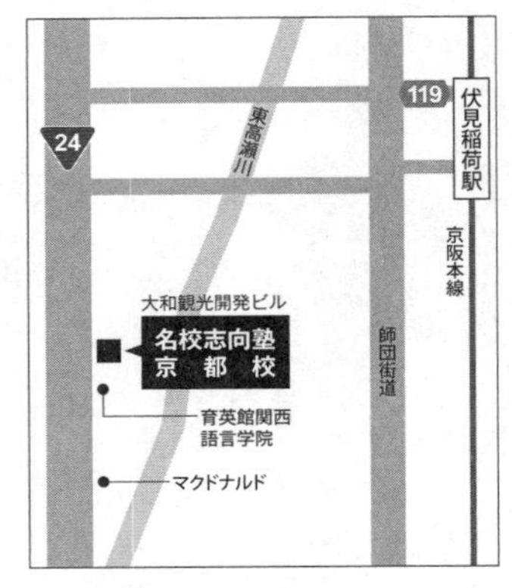

■伏見稲荷駅より徒歩7分

OVERSEAS

名校志向塾　北京朝阳事務所

〒100022
北京市朝阳区东三环中路39号院
建外soho西区14号楼0805室
TEL 010-5900-1663

名校志向塾　北京海淀事務所

〒100085
北京市海淀区金域国际中心
A座15层1510室
TEL 010-8639-3685

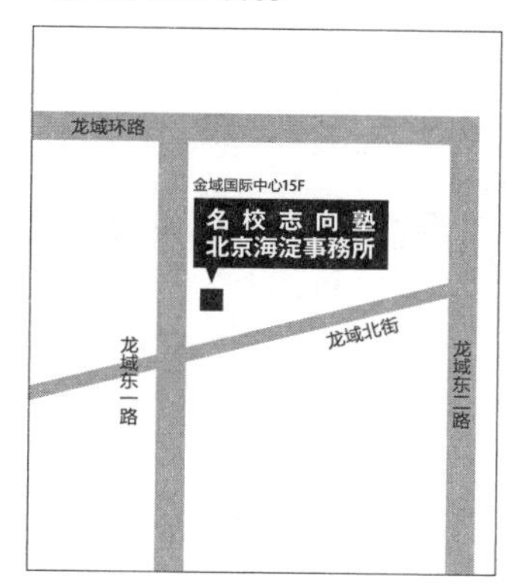

名校志向塾　南京事務所

〒210000
南京市秦淮区中山东路18号
TEL 025-5264-6269

名校志向塾　鄭州事務所

〒450046
郑州市金水区未来路和金水路
交叉口东北角-升龙大厦704室
TEL 0371-5857-8578

名校志向塾　瀋陽事務所

〒110013
沈阳市沈河区团结路7-1号
华府天地1号楼27层2703室
TEL 180-4006-0455

名校志向塾　ハルビン事務所

〒151800
哈尔滨市道里区上海街8号
爱建滨江写字楼530室
TEL 131-6344-1817